APPRIVOISER LES PEURS-PAS-FINES

L'histoire de bravoure de Léo le lionceau & Dans la tanière de Léo: le cahier de travail

Diane Benoit, MD, FRCPC[1]

et

Suneeta Monga, MD, FRCPC[2]

[1] Professeure, Département de psychiatrie, Université de Toronto et psychiatre, Hospital for Sick Children, 555, avenue University, Toronto (Ontario), Canada, M5G 1X8

[2] Professeure agrégée, Département de psychiatrie, Université de Toronto et directrice médicale des Services ambulatoires psychiatriques, Hospital for Sick Children, 555, avenue University, Toronto (Ontario), Canada, M5G 1X8

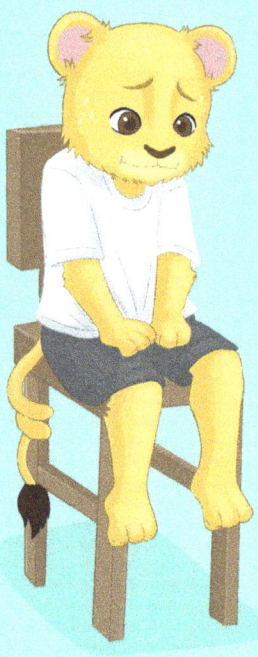

◆ FriesenPress

Suite 300 - 990 Fort St
Victoria, BC, V8V 3K2
Canada

www.friesenpress.com

Illustrations de Pia Reyes
Traduit de l'anglais par Marie-Thérèse Benoit

Nous remercions The Psychiatric Association at the Hospital for Sick
Children pour le support financier apporté à ce livre, ainsi que le
Psychiatry Endownment Fund at the Hospital for Sick Children et la
Fondation ontarienne de la santé mentale pour leur financement de
projets de recherche reliés au programme Taming Sneaky Fears. Nous
remercions également les collègues, parents, et enfants qui ont participés
au programme de traitement de groupe Taming Sneaky Fears au Hospital
for Sick Children au fil des ans.

ISBN
978-1-5255-3530-7 (Relié)
978-1-5255-3531-4 (Broché)
978-1-5255-3532-1 (eBook)

1. PSYCHOLOGIE, PSYCHOPATHOLOGIE, ANXIÉTÉ & PHOBIES

Distribué aux détaillants par The Ingram Book Company

Table des Matières

Directives sur l'utilisation de l'histoire et du cahier de travail

Apprivoiser les Peurs-pas-fines contient deux parties. La partie A, L'histoire de bravoure de Léo le lionceau, est une histoire destinée aux enfants. La partie B, Dans la tanière de Léo le lionceau : Comment apprivoiser tes Peurs-pas-fines, est le cahier d'accompagnement et de travail de l'histoire. Les parents peuvent utiliser l'histoire et le cahier de travail pour aider leurs enfants de quatre à sept ans qui sont excessivement timides ou qui sont incapables de parler dans certaines situations sociales et qui sont anxieux et craintifs dans d'autres situations.

L'histoire parle de Léo le lionceau, qui a peur de son propre rugissement et qui est trop timide, nerveux et effrayé pour parler à d'autres animaux et à ses enseignants. Avec son amie, Ellie l'éléphante, Léo le lionceau apprend à surmonter sa timidité et sa peur de parler en apprivoisant lentement ses Peurs-pas-fines. Dans le cahier de travail, Léo le lionceau (avec, à l'occasion, l'aide de sa mère) montre au lecteur les étapes à suivre pour apprivoiser les Peurs-pas-fines.

Nous vous suggérons de lire à voix haute avec votre enfant *un seul chapitre par jour de l'histoire ainsi que la section correspondante du cahier de travail* Dans la tanière de Léo le lionceau (*y compris de faire les exercices recommandés pour aider votre enfant à maîtriser les concepts abordés dans l'histoire*), idéalement lorsque votre enfant est reposé et le mieux à même d'absorber de nouvelles informations. Le cahier de travail devrait prendre un peu plus d'une semaine à terminer, en supposant que vous lisiez un chapitre d'histoire et que vous et votre enfant complétiez une section par jour du cahier de travail *Dans la tanière de Léo le lionceau*. Cependant, n'hésitez pas à passer plus de temps sur un chapitre d'histoire déterminé et sur la section correspondante du cahier de travail *Dans la tanière de Léo le lionceau* si vous pensez que votre enfant a besoin de plus de temps pour absorber l'information. Aussi, attendez-vous à ce que votre enfant prenne beaucoup plus qu'une semaine pour maîtriser les diverses stratégies enseignées dans le cahier de travail afin de surmonter sa timidité excessive, sa peur d'être vu et entendu parler et ses autres symptômes d'anxiété. Nous vous suggérons d'encourager votre enfant à pratiquer chaque stratégie aussi souvent qu'il est recommandé dans les sections du cahier de travail *Dans la tanière de Léo le lionceau*, tout en veillant à ce qu'il utilise la bonne technique. *Vous êtes un élément essentiel du succès de votre enfant dans la maîtrise des différentes stratégies!*

Avant de commencer à faire les exercices du cahier de travail avec votre enfant, nous vous suggérons de lire vous-même en entier l'histoire et le cahier de travail afin de vous familiariser avec tous les concepts présentés et toutes les stratégies proposées.

En lisant l'histoire et en complétant le cahier avec votre enfant, nous vous recommandons également de :

1. Faire des choix de mode de vie sain avec votre enfant

Les enfants qui sont en bonne santé, qui font de l'exercice régulièrement et qui sont bien nourris et reposés ont une plus grande capacité à faire face à des situations difficiles et stressantes. Apprenez à reconnaître quand votre enfant a faim ou est fatigué ou apathique par manque d'activité régulière. Reconnaissez et rectifiez ces situations pour aider votre enfant à gérer plus facilement son comportement, ses émotions et des situations difficiles ou stressantes.

2. Rechercher activement les actes de bravoure spontanés et utiliser le compliment efficace

Remarquez les actes braves, *même tout petits*, que votre enfant fait tous les jours et faites-lui des compliments efficaces. Ce qui rend un compliment *efficace*, c'est :

a. Commencer le compliment avec « Tu » au lieu de « Je » et se concentrer sur des aspects précis du comportement de l'enfant. Par exemple, dire à l'enfant : « Tu as regardé ton enseignant et tu lui as souri. C'est très brave, et je suis très fier de toi » est mieux que de dire : « J'aime ça quand tu regardes et souris à tes enseignants et je voudrais que tu le fasses plus parce que ça me rend heureux quand tu fais ça. » L'idée ici est d'aider l'enfant à comprendre exactement ce qu'il a bien fait en complimentant le comportement voulu.

b. Dire à l'enfant quel *comportement précis* il vient de démontrer qui justifie le compliment. Plus le compliment est précis, plus il est efficace. Par exemple, dire : « Tu as bien fait de regarder les yeux et le visage de cette personne » est plus efficace qu'un compliment vague et non précis du type « C'est bien ».

c. Complimenter l'enfant *dès que possible* après qu'il a démontré un comportement brave (plus le compliment est rapproché du comportement voulu, plus il est efficace).

Note : Certains enfants aiment les compliments qui sont faits de façon expansive et enthousiaste. D'autres enfants, et en fait la plupart des enfants qui sont timides et qui présentent des symptômes d'anxiété sociale, n'aiment pas les compliments manifestes et exubérants, car ce style de compliments les fait souvent se sentir comme s'ils étaient sous le feu des projecteurs. Ils préfèrent généralement des compliments plus subtils. Donc, utilisez le style de compliment qui convient le mieux au tempérament et à la personnalité de votre enfant.

3. Gérer les comportements désobéissants, oppositionnels et provocateurs

Beaucoup d'enfants timides ou anxieux ont des crises de colère, en particulier lorsqu'ils font face à des situations qui leur créent de l'anxiété ou impliquent un changement dans leurs routines. Les stratégies de gestion du comportement, telles que celles proposées dans *La méthode 1-2-3* du Dr Phelan (livre ou DVD), peuvent être utiles pour gérer les crises de colère. Plus les parents et les intervenants qui prennent soin des enfants sont constants et prévisibles, meilleur c'est.

4. Aider votre enfant à pratiquer chacune des stratégies que Léo le lionceau et son amie Ellie l'éléphante apprennent dans l'histoire.

Ces stratégies comprennent :

a. Comment être un Détecteur d'émotions, faire un Scan de mon corps et utiliser le Thermomètre des émotions

b. Comment être le Boss de mon corps en utilisant les techniques des Bras-et-Orteils Spaghettis, de la Respiration Ballon et de l'Imagerie

c. Comment être un Attrapeur de p'tits tours et attraper les p'tits tours que les Peurs-pas-fines essaient de jouer (Pas Dire la Vérité, Exagérer et Montrer Juste le Mauvais Côté des Choses)

d. Comment être le Boss de mon cerveau et utiliser les trois Trucs pour annuler les p'tits tours (Ignorer les Peurs-pas-fines, Se Donner des Idées Braves et Parler à un Adulte)

e. Comment apprivoiser les Peurs-pas-fines en grimpant des Échelles de bravoure (et en utilisant toutes les stratégies mentionnées ci-dessus)

Nous espérons que l'histoire de Léo le lionceau et son cahier de travail vont inspirer votre enfant à apprivoiser ses propres Peurs-pas-fines et à vaincre sa timidité, sa peur de parler et bien d'autres peurs!

Ressources supplémentaires suggérées pour les parents

Huebner, D. *What to do when you worry too much – A kid's guide to overcoming anxiety*. Magination Press, 2006.

Ceci est un cahier de travail pour les enfants qui s'inquiètent excessivement (à propos de situations autres que les interactions sociales et dans des situations où ils doivent utiliser leur voix pour communiquer).

Manassis, K. *Keys to parenting your anxious child* (2nd edition). Barron's Educational Series, 2008.

C'est un livre pour les parents qui souhaitent aider leurs enfants anxieux.

Phelan, T. W. *La méthode 1-2-3 – Une approche révolutionnaire pour discipliner les enfants de 2 à 12 ans. Sans cris. Sans larmes.* Guy Saint-Jean Éditeur, Laval (Québec), 2016.

C'est un livre pour aider les parents à utiliser une discipline efficace. Aussi disponible en deux DVD en anglais: *1-2-3 Magic DVD: Managing difficult behavior* et *More 1-2-3 Magic DVD: Encouraging Good Behavior.*

PARTIE A.

L'histoire de bravoure de Léo le lionceau

Chapitre 1

Dans une jungle lointaine, il y avait un petit lion qui vivait avec sa maman, son papa et sa petite sœur. Il s'appelait Léo. Léo était petit parce qu'il avait juste cinq ans. Léo était censé être brave parce qu'il était un lion, roi de la jungle!

Mais, Léo avait un gros problème.

Il ne se sentait presque jamais brave comme un lion aurait dû l'être. Il se sentait presque toujours gêné, nerveux et effrayé comme un tout petit chaton.

Quand Léo était avec des animaux qu'il ne connaissait pas bien, il pensait toujours qu'il allait dire ou faire quelque chose qui ferait que tous les animaux riraient de lui, se moqueraient de lui ou penseraient en mal de lui. Léo se sentait trop gêné pour se faire de nouveaux amis.

Et Léo avait un problème encore plus gros!

Léo avait peur de son propre rugissement! Il pensait que son rugissement était beaucoup trop bruyant et avait l'air niaiseux. Donc, Léo ne parlait jamais aux petits animaux ni aux grands animaux. Même à l'école, Léo ne parlait pas à son enseignante ou aux autres animaux.

Léo ne savait pas quoi faire.

Les parents de Léo ne savaient pas quoi faire.

Puis, un jour, la maman de Léo lui a dit : « Demain, je vais t'amener dans un Club de bravoure où tu vas apprendre à être brave pour te faire des amis et utiliser ton rugissement. »

Léo voulait apprendre à être brave, mais il ne voulait aller dans aucun Club de bravoure!

« J's'rai jamais capable de rugir devant les animaux du Club », a-t-il grogné en s'en allant vers sa chambre. Il était tellement fâché qu'il a donné un coup de pied à un jouet. Il a même claqué sa porte très fort, juste pour montrer à sa maman qu'il ne voulait vraiment pas y aller. Son ventre a commencé à faire mal, comme ça arrivait toujours quand il pensait à parler à des animaux.

Cette nuit-là, Léo a eu beaucoup de mal à s'endormir. Son cerveau n'arrêtait pas de lui dire : « Tous les animaux du Club vont penser qu'ton rugissement est trop fort et a l'air niaiseux. Si tu dis quelque chose, tout le monde va rire de toi! »

Et cela a fait devenir les muscles de Léo tout durs et raides. *Juste comme les spaghettis pas cuits avant qu'maman les fasse cuire pour l'souper*, a pensé Léo. Il s'est souvenu que plus tôt pour le souper, quand sa maman avait mis les spaghettis durs et raides dans l'eau chaude, ils étaient devenus tout mous et souples. Léo aurait tellement voulu rendre ses muscles qui étaient tout durs et raides aussi mous et relaxés que des spaghettis cuits!

C'est là que Léo y a pensé! *J'vais faire exprès pour rendre mes muscles durs et raides, comme des spaghettis pas cuits. Ensuite, j'vais faire semblant d'les mettre dans d'l'eau chaude pour les rendre tout relaxés, mous et souples, comme des spaghettis cuits.*

Léo a raidi ses orteils pendant quelques secondes pour les rendre durs et raides comme des spaghettis pas cuits. Puis, il les a relaxés et a fait semblant de les glisser dans de l'eau chaude.

Ensuite, il a raidi ses bras, il les a rendus aussi raides qu'il le pouvait. Ses bras lui faisaient un peu mal parce qu'ils étaient très raides. Et puis, il a fait semblant de mettre ses bras dans de la bonne eau chaude. Cela a rendu ses bras tout relaxés.

J'suis en train d'faire des

Bras-et-Orteils Spaghettis,

pensa Léo en riant un peu.

Léo aimait la sensation de ses bras et de ses orteils tout mous et relaxés. Il a donc décidé de faire des Bras-et-Orteils Spaghettis avec tous ses autres muscles. Il a raidi ses jambes et ses cuisses pendant quelques secondes, puis il les a relaxées. Il a raidi son cou et son visage, puis il les a relaxés. Ensuite, il a raidi tout son corps au complet, comme s'il était un spaghetti géant pas cuit! Et il a relaxé tout son corps et a pensé : *J'peux raidir ou durcir mes muscles ou les ramollir et les relaxer si j'veux. Je peux être le Boss de mon corps!*

Chapitre 2

Juste au moment où Léo essayait encore de s'endormir, son cerveau s'est mis à penser : *Si tu fais ton rugissement demain au Club de bravoure, tout l'monde va rire de toi!*

Et bien sûr, cette pensée a rendu les muscles de Léo durs et raides comme des spaghettis pas cuits. Même son ventre a commencé à faire mal, et son cœur a commencé à cogner fort et vite dans sa poitrine.

C'est là que Léo a appelé sa maman. Elle est entrée en portant bébé Lilly qui venait de s'endormir dans ses bras. Léo a senti une belle odeur sucrée et fruitée quand sa maman s'est assise à côté de lui sur le lit. Elle a mis bébé Lilly sur le lit.

Léo s'est blotti contre sa maman et a respiré l'odeur sucrée et fruitée de sa fourrure et de son tablier. Il a dit à sa maman comment il avait relaxé ses muscles avec les Bras-et-Orteils Spaghettis. « Mais, j'peux pas arrêter mon mal de ventre et faire ralentir mon cœur », a-t-il ajouté.

La maman de Léo lui a caressé doucement le front, puis elle a mis sa patte sur la sienne et lui a dit : « Léo, regarde le ventre de bébé Lilly quand elle est relaxée et qu'elle dort. Tu vois comme son ventre ressemble à une balloune qui se remplit d'air quand elle prend une respiration et qui laisse sortir tout l'air quand elle expire. »

Léo a dit : « Bébé Lilly fait d'la Respiration Ballon! »

La maman de Léo a dit : « C'est vrai! Essaie de faire la 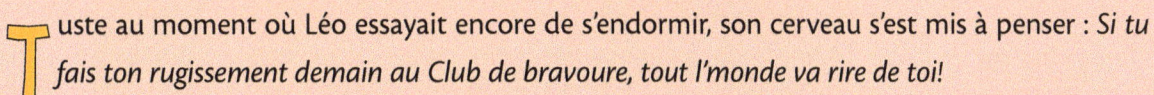 et ça t'aidera à devenir tellement relaxé que tu vas pouvoir dormir. »

Léo a essayé de faire la Respiration Ballon. Il a fermé ses yeux. Il a pris une grande respiration lentement et a fait gonfler son ventre en le remplissant d'air, pareil comme une balloune. Puis, il a expiré lentement en vidant tout l'air qu'il avait mis dans son ventre-balloune. Léo a fait la Respiration Ballon quelques fois de suite, et son mal de ventre est parti. Sa respiration et son cœur ont ralenti aussi, juste comme il le fallait. Léo a même commencé à se sentir un petit peu endormi parce que tout son corps était très relaxé.

Léo a senti une belle brise chaude souffler doucement à travers la fenêtre ouverte de sa tanière. Il pouvait entendre les petits sons de sifflement et de battement que faisait le rideau de sa fenêtre quand il montait et retombait lentement dans la douce brise. Il sentait l'odeur sucrée et fruitée de la fourrure et du tablier de sa maman, et le parfum de crème glacée à la vanille des fleurs de la jungle que la douce brise soufflait dans sa chambre.

La maman de Léo lui a dit : « Quand tu fais la Respiration Ballon, ferme tes yeux et fais croire à ton cerveau que tu te relaxes à l'ombre sous ton arbre préféré. L'air est pur et a une senteur sucrée. L'herbe sous ton corps est confortable et fraîche. Tu entends le bruit des feuilles qui bougent dans l'arbre au-dessus de toi; ce son est tellement relaxant! Une belle brise chaude souffle doucement sur ton visage, et tu te sens vraiment bien. Tu te sens calme, en sécurité et relaxé. »

Léo a commencé à bâiller. Sa maman lui a dit : « Léo, tu viens juste de faire de l'Imagerie. L'Imagerie, c'est quand tu fermes tes yeux et que tu fais penser à ton cerveau d'imaginer être à la place où tu te relaxes et où tu te sens calme et en sécurité, sous ton arbre préféré. Quand tu fais de l'Imagerie et de la Respiration Ballon *ensemble*, ça te rend le Boss de ton corps et de ton cerveau. »

Léo s'est dit : J'suis l'Boss de mon corps et de mon cerveau en c'moment,

juste comme sa maman lui donnait un bisou de bonne nuit et disait : « Fais de beaux rêves, mon brave petit lionceau. »

Léo a fermé ses yeux et a fait plus de Respiration Ballon et d'Imagerie. En peu de temps, Léo a commencé à faire de beaux rêves.

Chapitre 3

Quand Léo est arrivé au Club de bravoure le lendemain, un des animaux lui a souri et est venu s'asseoir à côté de lui. Son nom était Ellie l'éléphante. Elle a dit à Léo : « J'ai cinq ans et trois quarts. » Ellie riait beaucoup et, quand elle le faisait, elle soulevait sa trompe de tout son long et battait ses belles grandes oreilles qui semblaient rire avec elle.

Bientôt, la responsable du Club, Mme Priya la panthère, s'est présentée. Elle enroulait et déroulait sa longue queue lentement et, avec elle, elle pointait tous les animaux, un à la fois, tout en les invitant à dire ce qui les rendait gênés, nerveux ou effrayés.

Léo a appris que tous les animaux étaient gênés, nerveux ou effrayés par des choses comme dormir tout seuls, répondre aux questions devant la classe, être sur scène pour le spectacle de l'école, être loin de leurs parents. Ils pouvaient aussi être nerveux ou effrayés à cause du noir, des tempêtes et beaucoup, beaucoup d'autres choses.

Quand c'était le tour d'Ellie l'éléphante de parler, elle a dit :

« J'ai peur de faire des fautes.

Si j'peux pas faire quelque chose de parfaitement parfait la première fois, alors j'essaierai même pas. »

Puis, c'était le tour de Léo.

Mme Priya a déroulé sa longue queue vers Léo et lui a demandé :

« Quel âge as-tu, Léo? »

Tout de suite, Léo a commencé à sentir que son corps devenait comme un spaghetti géant pas cuit. Il sentait ses muscles tout durs et raides. Il avait l'impression que quelque chose serrait sa gorge tellement fort que sa voix était bloquée et ne voulait pas sortir.

Léo savait qu'il devait tout de suite faire des Bras-et-Orteils Spaghettis, de la Respiration Ballon et de l'Imagerie pour relaxer son corps. Et c'est exactement ce qu'il a fait. Alors, quand Mme Priya a dit : « Montre-moi avec ta patte quel âge tu as, » Léo a été capable d'étirer sa patte et de montrer cinq toutes petites griffes. Mais, Léo sentait toujours sa gorge serrée et sa voix bloquée. Il aurait aimé savoir quoi faire pour desserrer sa gorge et débloquer sa voix.

Avant que Léo ait le temps de penser plus, Mme Priya a dit à tous les animaux : « Vos plus grosses peurs sont comme des bêtes sauvages et épeurantes qui jouent des p'tits tours à votre cerveau. Un de leurs p'tits tours est de glisser des pensées épeurantes dans votre cerveau sans que votre cerveau s'en rende compte. Elles font croire à votre cerveau que vous n'êtes pas capables de faire des choses. Elles peuvent rendre votre gorge tellement serrée que votre voix reste bloquée et ne peut plus sortir. Elles sont très bonnes à jouer des p'tits tours et elles sont vraiment, vraiment pas fines. »

La tête de Léo s'est levée tout d'un coup, et ses yeux se sont arrondis. *C'est exactement ça qui m'arrive*, a-t-il pensé.

Léo savait que ses plus grosses peurs étaient sa peur de se faire de nouveaux amis parce qu'il était gêné et sa peur que les animaux le voient et l'entendent rugir. Il imaginait que ses plus grosses peurs étaient deux énormes chacals sauvages qui grognaient tout le temps et qui sifflaient et montraient leurs grandes dents pointues. Leur fourrure grisâtre était toute tordue et sentait vraiment mauvais, comme des ordures pourries.

Ces méchants chacals sauvages puants aimaient jouer des p'tits tours à Léo. Avec leur voix grognante, ils glissaient toujours des pensées épeurantes dans le cerveau de Léo. « Ta voix sonne vraiment fort et bizarre. Si t'utilises ta voix, tout l'monde va rire de toi! » Ces pensées rendaient les muscles de Léo durs et raides comme des spaghettis pas cuits, lui donnaient un mal de ventre, faisaient cogner son cœur trop fort et trop vite, rendaient sa respiration toute croche et serraient sa gorge tellement fort que sa voix était bloquée et ne voulait plus sortir.

Mme Priya a raison, a pensé Léo. *Ces chacals sauvages et épeurants sont très bons à jouer leurs p'tits tours et sont vraiment, vraiment pas fins!*

C'est là que Léo y a pensé : *Les Peurs-pas-fines! C'est comme ça qu'j'vais vous appeler.*

J'vais vous appeler mes Peurs-pas-fines!

Mme Priya a continué : « Vos plus grosses peurs, ces bêtes sauvages et épeurantes, ont besoin d'être apprivoisées. Les apprivoiser est la seule façon de pouvoir desserrer votre gorge et débloquer votre voix. Les apprivoiser est la meilleure façon de devenir brave. »

Léo a cligné des yeux. Il n'avait jamais su ça que pour desserrer sa gorge, débloquer sa voix et devenir brave, tout ce qu'il devait faire c'était d'apprivoiser ses Peurs-pas-fines! Léo a pensé : *Apprivoiser les Peurs-pas-fines, c'est une idée géniale!*

Mais, les Peurs-pas-fines ne pensaient pas qu'être apprivoisées était une idée géniale du tout. Elles ont commencé à grogner et à crier plus fort que Mme Priya : « Écoute pas Mme Priya! Personne peut nous apprivoiser. On va toujours bloquer ta voix. On n'arrêtera jamais! »

Léo a commencé à croire les Peurs-pas-fines. Les Peurs-pas-fines pouvaient être vraiment convaincantes.

Les Peurs-pas-fines de Léo ricanaient et chuchotaient entre elles : « R'garde Léo! Nos p'tits tours marchent très bien. Chaque fois qu'on glisse des pensées épeurantes dans son cerveau, Léo croit qu'elles sont vraies! »

Les Peurs-pas-fines de Léo sautillaient et faisaient toutes sortes de petites danses de joie. Elles se donnaient des tapes dans les pattes et ne pouvaient s'empêcher de rire. Elles se disaient l'une à l'autre : « On rend la gorge de Léo toute nouée et serrée, et sa voix toute bloquée, et son corps tout gêné, nerveux et effrayé parce qu'on est l'Boss du corps de Léo! Léo s'ra jamais capable d'attraper nos p'tits tours parce qu'on est aussi l'Boss du cerveau de Léo! »

Mais, les Peurs-pas-fines ne savaient pas à qui elles avaient affaire! Elles n'avaient pas réalisé que Léo était un lionceau vraiment intelligent, même s'il était petit. Et elles n'avaient pas réalisé à quel point Léo voulait être brave.

Léo a décidé d'être le Boss de son corps. Il a fait des Bras-et-Orteils Spaghettis, de la Respiration Ballon et de l'Imagerie. Après avoir calmé son corps, Léo a été capable de penser plus clairement. Il a pensé à ses Peurs-pas-fines qui disaient que sa voix sonnait tellement bizarre que tous les animaux allaient rire de lui. Léo s'est souvenu que ses parents lui avaient dit que son rugissement sonnait super, comme le rugissement d'un roi de la jungle. Léo savait que ses parents lui disaient la vérité. Léo a secoué sa tête en réalisant : *Mes Peurs-pas-fines disent pas la vérité!*

Et juste comme ça, Léo a découvert que Pas Dire la Vérité était un des p'tits tours que les Peurs-pas-fines jouaient à son cerveau. Léo était devenu un Attrapeur de p'tits tours!

C'est là que Léo a décidé :

J'vais ignorer mes Peurs-pas-fines et m'donner des idées braves, j'peux l'faire!

Et c'est comme ça que Léo le lionceau a découvert deux des meilleurs Trucs pour annuler les p'tits tours : Ignorer les Peurs-pas-fines et Se Donner des Idées Braves.

Léo s'est imaginé dire à ses Peurs-pas-fines : *Vous pensez être vraiment sauvages et épeurantes et bonnes à jouer vos p'tits tours, mais j'vais vous apprivoiser!* Léo a imaginé attraper ses Peurs-pas-fines, les mettre en laisse et leur donner un bain moussant pour enlever leur puanteur!

En plein milieu de leurs sautillages et de leurs petites danses de joie dans les airs, les Peurs-pas-fines de Léo se sont arrêtées d'un coup sec. Leurs corps sont tombés par terre en faisant boum. Elles se sont regardé le cou et ont vu qu'elles avaient chacune une laisse. Leurs yeux sont devenus gros comme s'ils allaient sortir de leurs orbites. Elles ne pouvaient pas croire qu'un petit lionceau de cinq ans venait de les attraper et de découvrir leur p'tit tour de Pas Dire la Vérité. Elles n'avaient jamais pensé que Léo pourrait découvrir qu'Ignorer les Peurs-pas-fines et Se Donner des Idées Braves étaient deux puissants Trucs pour annuler leurs p'tits tours.

Léo était tellement occupé à être le Boss de son corps et de son cerveau, à être un Attrapeur de p'tits tours, à utiliser des Trucs pour annuler les p'tits tours et à mettre des laisses aux Peurs-pas-fines qu'il ne s'est pas rendu compte quand il a chuchoté : « J'vous ai attrapé, les Peurs-pas-fines! »

Mais, Léo avait chuchoté assez fort pour que Mme Priya et les animaux l'entendent. Léo a vu que personne ne riait ou ne se moquait de son chuchotement. C'est alors que Léo en est devenu certain! Quand ses Peurs-pas-fines disaient que sa voix sonnait tellement fort et bizarre que tous les animaux allaient rire de lui, eh bien, ça n'était même pas vrai! Depuis le tout début, ses Peurs-pas-fines avaient joué leur p'tit tour de Pas Dire la Vérité!

À ce moment-là, Léo s'est senti assez brave pour sourire à Ellie l'éléphante. Et cela a fait scintiller les yeux d'Ellie comme des étoiles brillantes dans le ciel la nuit!

Chapitre 4

En sortant de la rencontre au Club, Ellie s'est approchée de Léo et lui a dit : « Allo! »

Léo voulait aussi lui dire bonjour, mais ses Peurs-pas-fines lui grognaient : « Dis pas bonjour! Ellie l'éléphante va penser qu'ta voix est trop forte et qu'elle sonne bizarre. »

Tout de suite, la gorge de Léo s'est serrée, et sa voix s'est bloquée. Ses muscles étaient aussi raides que des spaghettis pas cuits.

Même avec leur laisse, les Peurs-pas-fines de Léo riaient et faisaient des farces : « R'garde! Notre p'tit tour de Pas Dire la Vérité marche encore! » Elles ont commencé à se donner des tapes dans les pattes et à faire leurs petites danses de joie.

Mais, Léo voulait vraiment être brave et dire bonjour à Ellie. Léo a vite compris que ses Peurs-pas-fines essayaient d'être son boss. Léo a décidé que c'est *lui* qui serait le Boss de son corps et de son cerveau, pas les Peurs-pas-fines. Léo a fait les Bras-et-Orteils Spaghettis, la Respiration Ballon et l'Imagerie pour être le Boss de son corps. Puis, il a été capable d'utiliser ses nouveaux Trucs pour annuler les p'tits tours : Ignorer les Peurs-pas-fines et Se Donner des Idées Braves, et Léo est devenu le Boss de son cerveau.

Mais, quand les Peurs-pas-fines ont vu que Léo devenait le Boss de son corps et de son cerveau, elles ont piqué une crise! « On peut pas laisser ça arriver, se sont-elles dit. On va utiliser nos autres p'tits tours. Y'a pas moyen qu'un p'tit lionceau soit capable d'attraper nos autres p'tits tours. Pas moyen! »

Les Peurs-pas-fines de Léo ont mis chacune leur grosse gueule pleine de dents pointues devant le visage de Léo et elles ont commencé à l'achaler : « Ta voix sonne bizarre. Si t'utilises ta voix, Ellie l'éléphante et tous les animaux du monde entier vont rire et rire et rire et s'moquer de toi. Personne voudra jamais être ton ami. Jamais! »

Les muscles de Léo ont commencé à devenir durs et raides comme des spaghettis pas cuits. Son cœur a commencé à cogner dans sa poitrine, et sa respiration est devenue toute croche. Son ventre a commencé à faire mal comme s'il allait vomir. Sa gorge est devenue serrée, et sa voix est restée bloquée dans sa gorge; elle ne voulait plus sortir, même si Léo essayait bien fort de desserrer sa gorge et de débloquer sa voix.

Mais, Léo n'a pas lâché. Il ne voulait pas laisser les Peurs-pas-fines être son boss. Il allait être patient et apprivoiser ses Peurs-pas-fines!

Léo savait qu'il devait d'abord calmer son corps et qu'ensuite, son cerveau serait capable de penser plus clairement. Léo a fait des Bras-et-Orteils Spaghettis, de la Respiration Ballon et de l'Imagerie. Quand son corps est devenu calme et relaxé, Léo a été capable d'Ignorer ses Peurs-pas-fines et de Se Donner des Idées Braves. *Je peux l'faire*, s'est-il dit, *je peux découvrir quels autres p'tits tours les Peurs-pas-fines jouent à mon cerveau en c'moment.* Léo a commencé à penser très fort aux pensées que les Peurs-pas-fines avaient glissées dans son cerveau.

C'est là que Léo le lionceau Attrapeur de p'tits tours a découvert les deux nouveaux p'tits tours! Ses Peurs-pas-fines… exagéraient! Elles faisaient paraître les choses bien pires qu'elles ne l'étaient pour de vrai. Bien sûr, Léo était gêné et n'avait pas beaucoup d'amis. Mais, il savait aussi qu'Ellie voulait être son amie. Et ça n'était pas vrai que sa voix allait rester bloquée dans sa gorge pour toujours et toujours, parce qu'il était capable d'utiliser sa voix sans aucun problème quand il parlait avec sa maman, son papa et sa petite sœur. Les Peurs-pas-fines de Léo exagéraient! Et pas seulement cela, mais les Peurs-pas-fines Montraient Juste le Mauvais Côté des Choses! Elles ne montraient aucune des bonnes choses comme tout le plaisir que Léo aurait de jouer et de parler avec un nouvel ami! En plus, elles utilisaient leur vieux p'tit tour de Pas Dire la Vérité!

Les Peurs-pas-fines de Léo remarquaient à quel point Léo était tout prêt de dire bonjour à Ellie et elles n'aimaient pas ça du tout. Une des Peurs-pas-fines de Léo a chuchoté à l'autre : « Léo pourra jamais découvrir qu'on aime rester un secret. Quand les p'tits animaux parlent à un adulte, ça nous empêche complètement d'être sauvages et épeurantes. Pas possible que Léo le lionceau soit capable de découvrir ça. Pas possible! »

L'autre Peur-Pas-Fine de Léo a froncé ses sourcils et a sifflé à travers ses crocs : « Chhut! Pas si fort! Léo pourrait nous entendre et, alors, il saura qu'Parler à un Adulte est un puissant Truc pour annuler nos p'tits tours qui nous apprivoise super vite. Chhut! »

Juste à ce moment-là, Léo a vu sa maman. Il a couru vers elle et lui a dit tout ce que ses Peurs-pas-fines faisaient. La maman de Léo a dit quelque chose qui l'a surpris : « Léo, tu viens de découvrir un autre Truc très puissant pour annuler les p'tits tours, et c'est de Parler à un Adulte – comme moi ou ton papa ou n'importe quel autre adulte en qui tu as confiance. Utilise tes autres Trucs pour annuler les p'tits tours, et tu seras capable de dire bonjour à Ellie. »

Et juste comme Léo utilisait ses Trucs pour annuler les p'tits tours, sa gorge a commencé à se desserrer, et sa voix s'est débloquée juste assez pour qu'il soit capable de chuchoter à Ellie : « Allo. »

Les Peurs-pas-fines de Léo ne pouvaient pas le croire! Avec leur laisse au cou, elles tournaient en rond et gémissaient : « Oh non! On connaît juste trois p'tits tours, et Léo les a tous découverts. Si Léo continue à s'entraîner pour être le Boss de son corps et de son cerveau, pour être un Attrapeur de p'tits tours et pour utiliser ses Trucs pour annuler les p'tits tours, nos p'tits tours marcheront plus. On va être apprivoisées. Oh non, oh non! »

Ellie riait. Elle a demandé à Léo s'il voulait venir chez elle pour jouer ensemble. Léo lui a dit d'une toute petite voix : « Oui. J'vais demander à maman si c'est correct. » Le visage d'Ellie s'est illuminé, et ses yeux se sont mis à scintiller comme des étoiles brillantes dans le ciel la nuit!

Juste comme ça, en étant le Boss de son corps et de son cerveau et un Attrapeur de p'tits tours, et en utilisant ses Trucs pour annuler les p'tits tours, Léo avait desserré sa gorge et débloqué sa voix. Et il s'était fait une nouvelle amie!

Chapitre 5

Quand Léo est arrivé chez Ellie pour jouer avec elle et qu'Ellie a ouvert la porte, il a senti une merveilleuse odeur sucrée. Sur le comptoir de la cuisine, Léo pouvait voir un lot de petits gâteaux décorés d'un superbe glaçage avec du brillant rouge, orange, jaune, vert, bleu et violet. Léo en avait l'eau à la bouche, et son ventre gargouillait de faim.

La maman d'Ellie a accueilli Léo. Elle a dit à Léo et Ellie : « Vous pouvez avoir chacun un p'tit gâteau, mais avant, j'veux que vous veniez avec moi pour voir comment va le grand frère d'Ellie, Elliot. »

Elliot l'éléphant était dans son lit, il avait attrapé la grippe. Son nez était tout rouge et enflé et il coulait beaucoup. De grandes poubelles près de son lit débordaient de mouchoirs usagés. Des dizaines et des dizaines de boîtes de mouchoirs pas encore ouvertes étaient empilées à côté du lit d'Elliot. Léo s'est dit : *Quand l'nez d'un éléphant coule, y'en faut des mouchoirs!*

La maman d'Ellie a expliqué : « J'dois voir combien d'fièvre Elliot fait. » Elle a montré à Ellie et à Léo un thermomètre pour la fièvre : « Vous voyez tous les chiffres sur le thermomètre pour la fièvre? »

Léo pouvait voir que le thermomètre pour la fièvre avait des chiffres allant de 0 en bas jusqu'à 10 en haut.

Pendant que la maman d'Ellie prenait la température d'Elliot, elle a dit : « Chaque chiffre m'dit combien d'fièvre Elliot fait. Si la fièvre d'Elliot est sur le 0 au bas du thermomètre, ça veut dire qu'il n'a pas d'fièvre du tout. Si la fièvre d'Elliot est de 1 ou 2 vers le bas du thermomètre, ça veut dire qu'il fait juste un p'tit peu de fièvre. Mais, si la fièvre d'Elliot est de 5 ou plus vers le milieu du thermomètre ou va jusqu'en haut, à 9 ou 10, ça veut dire qu'la fièvre d'Elliot est beaucoup trop forte. Et donc, j'dois faire quelque chose pour la faire baisser. »

Ça a donné une idée à Léo. *J'pourrais utiliser un thermomètre pour voir comment fort j'ressens quelque chose, par exemple à quel point j'me sens gêné ou nerveux ou effrayé ou triste ou fâché.* Il a décidé d'en parler à Ellie.

La maman d'Ellie a dit : « Pour l'instant, la fièvre d'Elliot est de 1 sur le thermomètre, donc Elliot est correct. » Elle a pointé sa trompe vers Ellie et Léo et leur a dit : « Okay, vous deux, Elliot doit s'reposer jusqu'à c'que sa fièvre descende à 0. Vous pouvez aller à la cuisine pour manger un p'tit gâteau et, ensuite, vous pourrez aller jouer dans la chambre d'Ellie. »

En se rendant à la cuisine, Léo a parlé à Ellie de son idée d'utiliser un thermomètre pour dire à quel point il ressentait quelque chose. Il a dit : « On pourrait l'appeler un Thermomètre des émotions! Comme ça, on s'ra capables de dire quand on s'sent juste un p'tit peu nerveux ou effrayé, comme un 1 ou un 2 sur le Thermomètre des émotions. »

Ellie a dit : « Comme quand ma cousine Eleanor l'éléphante saute de derrière une chaise et crie Boo! C'est juste un p'tit peu épeurant. »

Léo a dit : « T'as raison! Et quand on est à 5 ou plus sur le Thermomètre des émotions pour quand on est nerveux ou effrayé, ça veut dire que c'est trop haut. Ça veut dire qu'on est ben trop énervés. Et quand on est trop énervés, on n'est pas capables de penser clairement. C'est là qu'on doit faire descendre notre Thermomètre des émotions jusqu'à 0 ou 1. »

Pendant que Léo et Ellie choisissaient leurs petits gâteaux et qu'Ellie allait chercher des boîtes de jus, Ellie a demandé : « Mais, comment tu fais pour faire descendre ton Thermomètre des émotions? »

Léo savait la réponse! Il a dit : « Tu dois être le Boss de ton corps et calmer ton corps même s'il veut pas s'calmer! »

Pendant qu'ils mangeaient leur collation et faisaient des dessins, Léo a dit à Ellie comment les Bras-et-Orteils Spaghettis, la Respiration Ballon et l'Imagerie pouvaient faire descendre un Thermomètre des émotions jusqu'à 0 ou 1!

Chapitre 6

Après avoir fini leur collation et leurs dessins, Léo et Ellie sont allés jouer dans la chambre d'Ellie. Ellie a couru vers son lit superposé et s'est laissée tomber avec un petit plop sur le lit du bas.

Léo pouvait voir qu'il y avait un cadeau emballé dans du beau papier brillant et avec un ruban et un nœud tout étincelant sur le lit du haut. Il a demandé : « Ellie, est-ce que c'est un cadeau? »

Tout à coup, les yeux d'Ellie ont eu l'air tout tristes. Son visage s'est allongé, et ses belles grandes oreilles sont retombées. Le bout de sa trompe est tombé sur le plancher. Ses épaules sont descendues. Elle a baissé ses yeux. Elle parlait d'une voix si faible que Léo a dû s'étirer le cou et tendre sa tête vers Ellie pour pouvoir l'entendre.

« Ben, c'est un cadeau pour moi. Mais, ma maman a dit que j'devais grimper jusqu'en haut de l'échelle du lit superposé pour aller l'chercher. »

Léo a dit : « Ben, pourquoi tu l'fais pas? »

Une des jambes d'Ellie a commencé à sautiller de haut en bas, et son lit a fait de petits bruits de craquement et de grincement. Ellie détestait l'avouer : « J'ai trop peur de grimper sur l'échelle. »

Ellie a attrapé quelque chose qui était sous son oreiller et l'a montré à Léo.

« C'est un dessin qu'j'ai fait d'ma Peur-Pas-Fine à moi. J'l'appelle Mam'zelle Fais-pas-d'fautes. Chaque fois qu'j'essaie d'grimper un barreau d'l'échelle, même celui du bas, Mam'zelle Fais-pas-d'fautes pointe ses longs doigts crochus vers moi et crie : "Essaye rien d'nouveau, Ellie l'éléphante! Tu vas faire une super grosse faute, une faute M O N U M E N T A L E! Tu s'ras jamais capable d'grimper dans l'échelle! Jamais! C'est ben trop haut!" »

Léo pouvait voir la sueur sur le front d'Ellie quand elle a dit : « J'peux juste pas l'faire. »

Léo a demandé à Ellie à quel niveau est-ce qu'elle se situait sur son Thermomètre des émotions en ce moment quand elle pensait à Mam'zelle Fais-pas-d'fautes qui l'achalait.

Ellie a réfléchi pendant quelques secondes. Ses yeux se sont agrandis, et elle a retenu son souffle : « Un 9! C'est ben trop haut! J'ai besoin d'faire baisser mon Thermomètre des émotions! »

Ellie a fait des Bras-et-Orteils Spaghettis, de la Respiration Ballon et de l'Imagerie.

Après avoir calmé son corps, Ellie a été capable de penser plus clairement. Elle a vu tout de suite que Mam'zelle Fais-pas-d'fautes avait glissé des pensées épeurantes dans son cerveau. Mam'zelle Fais-pas-d'fautes utilisait les seuls trois p'tits tours que toutes les Peurs-pas-fines du monde entier connaissent : Pas Dire la Vérité, Exagérer et Montrer Juste le Mauvais Côté des Choses.

Léo a dit à Ellie comment les Trucs pour annuler les p'tits tours, comme Ignorer les Peurs-pas-fines, Se Donner des Idées Braves et Parler à un Adulte, pouvaient empêcher Mam'zelle Fais-pas-d'fautes de jouer des p'tits tours à son cerveau.

Léo a alors eu une idée. Il a dit à Ellie : « Fais semblant qu'l'échelle de ton lit superposé est pas juste une échelle ordinaire. Imagine qu'c'est une Échelle de bravoure! Chaque barreau qu'tu grimpes sur ton Échelle de bravoure te rend de plus en plus brave et apprivoise de plus en plus Mam'zelle Fais-pas-d'fautes. Quand t'auras grimpé jusqu'en haut d'ton Échelle de bravoure, tu vas être brave, et Mam'zelle Fais-pas-d'fautes va être apprivoisée! »

Les yeux d'Ellie se sont mis à briller, sa trompe est remontée de tout son long, et ses belles grandes oreilles se sont mises à battre joyeusement. Elle a ri et a dit : « Si j'fais des Bras-et-Orteils Spaghettis, d'la Respiration Ballon et d'l'Imagerie juste avant d'commencer à grimper un barreau, j'vais être toute calme et relaxée. J'vais être le Boss de mon corps! J'vais être capable d'Ignorer Mam'zelle Fais-pas-d'fautes et d'Me Donner des Idées Braves, comme Je peux l'faire et Je peux grimper sur l'barreau! Mam'zelle Fais-pas-d'fautes s'ra pas mon boss! »

Mam'zelle Fais-pas-d'fautes n'a pas du tout aimé entendre ça! Mam'zelle Fais-pas-d'fautes n'avait pas l'habitude de faire affaire à une Ellie qui était brave. Mam'zelle Fais-pas-d'fautes a commencé à hurler de toutes ses forces : « Grimpe pas! Tu vas tomber! Tu vas briser tous tes os, et personne va être capable de t'réparer! »

Le Thermomètre des émotions d'Ellie a commencé à monter en flèche et a monté beaucoup trop haut encore une fois.

Mais, tout comme Léo, Ellie voulait vraiment être brave. Ellie a commencé à faire des Bras-et-Orteils Spaghettis, de la Respiration Ballon et de l'Imagerie. Après avoir fait descendre son Thermomètre des émotions jusqu'à 0, Ellie a été capable d'Ignorer Mam'zelle Fais-pas-d'fautes et de Se Donner des Idées Braves, comme Je peux l'faire!

Ellie s'est levée et s'est approchée de l'échelle, elle a mis un pied sur le premier barreau, puis a mis son autre pied sur le premier barreau.

Ellie avait grimpé le premier barreau de son Échelle de bravoure.

Mam'zelle Fais-pas-d'fautes ne pouvait pas le croire! Elle a commencé à agiter ses longs doigts crochus vers Ellie et à hurler aussi fort qu'elle le pouvait : « Descends! Descends, j'ai dit! Tu vas tomber et briser tous tes os. Tu vas rester brisée pour toujours et toujours. »

De grosses gouttes de sueur coulaient sur le front d'Ellie. Ses yeux étaient devenus aussi gros que des pleines lunes. Son visage était tout plissé par la peur. Son corps tremblait tellement que l'échelle faisait toutes sortes de bruits de craquement et de grincement. Son Thermomètre des émotions avait monté en flèche jusqu'à 10!

Léo voyait bien qu'Ellie était vraiment nerveuse et effrayée. Il a dit : « Ellie, laisse pas Mam'zelle Fais-pas-d'fautes être ton boss! Reste sur ton barreau et fais d'la Respiration Ballon et d'l'Imagerie. »

Ellie a fait de la Respiration Ballon et de l'Imagerie. Lentement, elle a fait descendre son Thermomètre des émotions jusqu'à 0. Quand son corps s'est calmé, Ellie a été capable d'Ignorer ses Peurs-pas-fines et de Se Donner des Idées Braves, comme Je peux l'faire et Je peux rester sur l'barreau!

Ellie est restée sur le barreau! Après quelques minutes sur le barreau, le corps d'Ellie s'est relaxé. Ellie a dit à Léo : « J'veux m'forcer. J'veux grimper sur le deuxième barreau. » Elle a fermé ses yeux, a fait de la Respiration Ballon et a grimpé sur le deuxième barreau.

Mam'zelle Fais-pas-d'fautes n'a pas du tout aimé ça! Elle agitait ses longs doigts crochus tellement proches du visage d'Ellie qu'elle a presque grafigné les joues d'Ellie. Mam'zelle Fais-pas-d'fautes a continué à hurler encore plus fort qu'avant : « Écoute pas Léo le lionceau! Tu PEUX PAS grimper un autre barreau! Tu vas tomber et t'faire mal! »

Les yeux d'Ellie se sont ouverts tout grand. Tout son corps a commencé à trembler. Ça a fait tellement gémir, grincer, craquer et trembler son lit qu'on aurait dit un tremblement de terre. Ellie s'éventait avec ses belles grandes oreilles. De grosses gouttes de sueur coulaient sur son visage et tombaient sur le plancher en petites flaques. Ellie pensait qu'elle allait lâcher prise parce que son corps transpirait et tremblait beaucoup.

Léo a encouragé Ellie : « Laisse pas Mam'zelle Fais-pas-d'fautes être ton boss, Ellie! »

Ellie n'a pas lâché. Elle s'est accrochée bien fort. Elle a fait plus de Respiration Ballon et d'Imagerie jusqu'à ce qu'elle fasse descendre son Thermomètre des émotions à 0. Ellie en avait assez des p'tit tours de Mam'zelle Fais-pas-d'fautes! Ellie a décidé de faire semblant de mettre Mam'zelle Fais-pas-d'fautes dans une jolie cage violette… et de mettre un chiffon rose vif par-dessus, pour faire bonne mesure! Et ça a marché. Mam'zelle Fais-pas-d'fautes a finalement arrêté de parler!

Ellie était si fière d'elle-même! Elle avait fait en sorte que Mam'zelle Fais-pas-d'fautes arrête de l'achaler. Elle avait grimpé sur le deuxième barreau! Elle n'avait jamais été capable de faire ça avant. Elle a soulevé sa trompe vers le plafond, et ses belles grandes oreilles ont commencé à battre alors qu'elle riait et riait.

Ellie était tellement excitée qu'elle a appelé sa maman entre deux fous rires. Quand la maman d'Ellie est entrée dans sa chambre, elle a retenu son souffle. Ses yeux se sont agrandis. Ses mains ont volé à ses joues. Elle n'a pas été capable de parler pendant un moment. Puis, un gros sourire est apparu sur son visage. Elle a soulevé sa trompe et a commencé à rire avec Ellie! Elle s'est approchée d'Ellie et lui a fait un gros câlin. « J'suis tellement fière de toi, ma brave Ellie! »

Plus tard, juste avant de s'en retourner chez lui, Léo a dit à Ellie : « T'as été tellement brave de grimper deux barreaux sur ton Échelle de bravoure, Ellie! Quand j'vais arriver à la maison, j'vais construire ma propre Échelle de bravoure et j'vais commencer à grimper chaque barreau! »

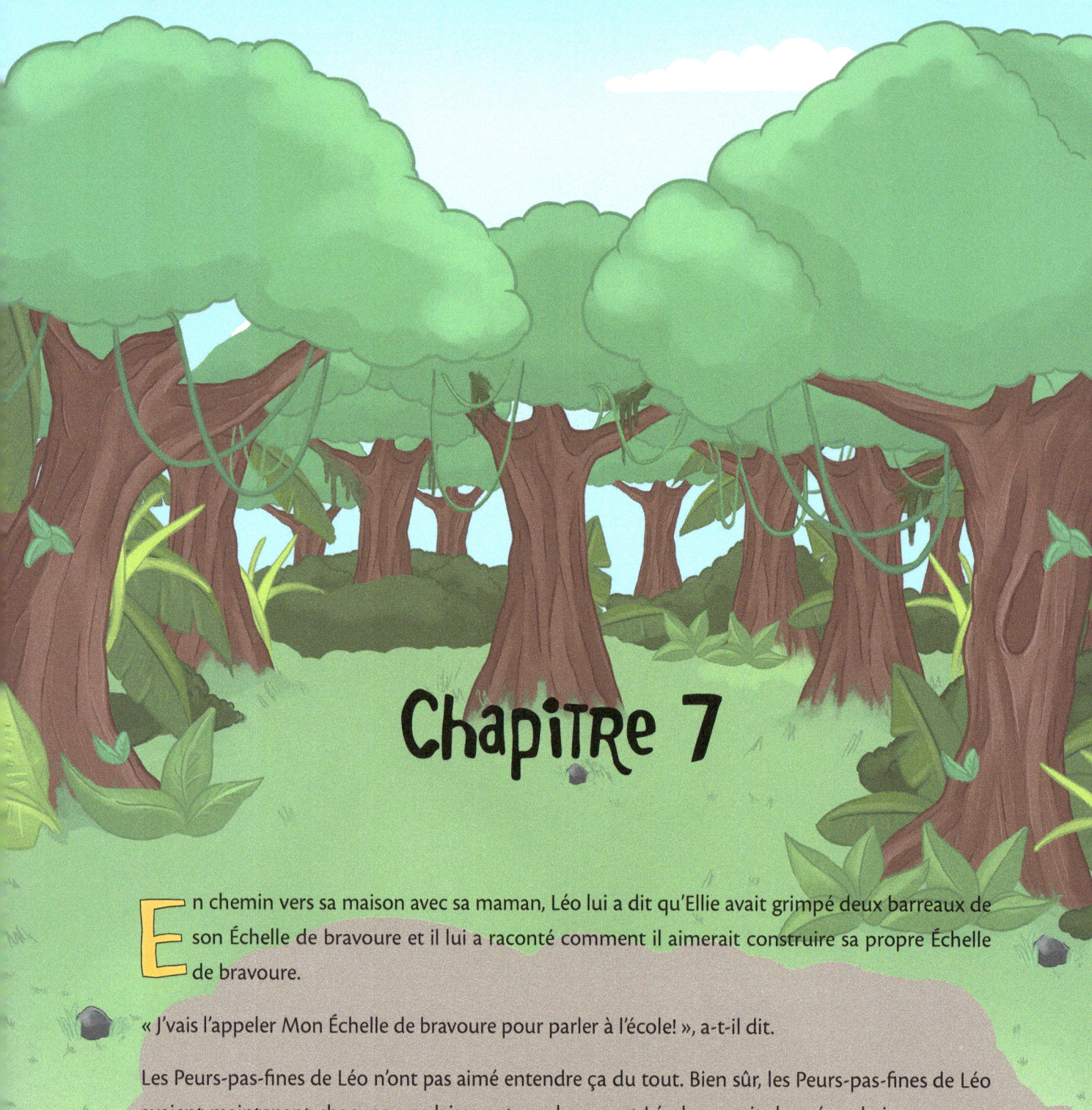

Chapitre 7

En chemin vers sa maison avec sa maman, Léo lui a dit qu'Ellie avait grimpé deux barreaux de son Échelle de bravoure et il lui a raconté comment il aimerait construire sa propre Échelle de bravoure.

« J'vais l'appeler Mon Échelle de bravoure pour parler à l'école! », a-t-il dit.

Les Peurs-pas-fines de Léo n'ont pas aimé entendre ça du tout. Bien sûr, les Peurs-pas-fines de Léo avaient maintenant chacune une laisse autour du cou, et Léo leur avait donné un bain moussant pour faire disparaître leur odeur puante, mais ça ne les empêchait pas de vouloir achaler Léo. Elles chuchotaient entre elles : « On peut pas laisser Léo le lionceau grimper son Échelle de bravoure parce que ça va nous apprivoiser complètement. »

Avec leur laisse au cou, les Peurs-pas-fines de Léo ont essayé de l'achaler : « Les Échelles de bravoure sont juste niaiseuses et servent à rien du tout. Pis en plus, une Échelle de bravoure pour parler à l'école, c'est *ben* trop dur à grimper. Tu peux pas nous apprivoiser, Léo le lionceau. On va toujours être ton boss! »

Tout de suite, Léo a dit à sa maman ce que ses Peurs-pas-fines lui disaient.

40

La maman de Léo a dit : « Tu dois être vraiment patient quand tu apprivoises tes Peurs-pas-fines. Tes Peurs-pas-fines ne veulent pas être apprivoisées. Donc, elles vont faire de grosses crises pour essayer de te faire peur et te faire croire que tu ne peux pas les apprivoiser! Ne crois pas tes Peurs-pas-fines! Tu *peux* apprivoiser tes Peurs-pas-fines! Si tu t'entraînes tous les jours à grimper les barreaux de ton Échelle de bravoure, juste un tout p'tit barreau à la fois, comme faire un tout p'tit pas de bébé à la fois, tes Peurs-pas-fines vont apprendre bien vite que tu ne les laisseras pas être ton boss, et tu vas les apprivoiser plus vite! »

Avec sa maman, Léo a décidé de ce qu'il devrait faire sur chacun des barreaux de son Échelle de bravoure pour parler à l'école. Puis, la maman de Léo a rencontré son enseignante et lui a montré ce que Léo devait faire sur chacun des barreaux de son Échelle de bravoure. La maman de Léo a dit à l'enseignante ce que Léo devait faire pour être le Boss de son corps et de son cerveau. Elle a montré à l'enseignante comment faire les Bras-et-Orteils Spaghettis, la Respiration Ballon et l'Imagerie. Elle lui a parlé du Thermomètre des émotions, des Trucs pour annuler les p'tits tours et de comment être un Attrapeur de p'tits tours.

Léo et son enseignante étaient maintenant prêts pour que Léo grimpe le premier barreau de son Échelle de bravoure pour parler à l'école. Quand Léo est allé à l'école le jour suivant, lui et son enseignante sont allés dans une pièce, juste tous les deux.

Léo s'est assis à côté de son enseignante et a vu un livre d'images sur la table. Le premier barreau que Léo devait monter sur son Échelle de bravoure était de nommer ce que son enseignante pointait dans le livre et de dire le mot avec ses lèvres, sans utiliser sa voix. Quand l'enseignante a pointé une image et a dit à Léo d'utiliser ses lèvres sans sa voix pour dire le mot, le Thermomètre des émotions de Léo a monté en flèche jusqu'à 5. Et bien sûr, les Peurs-pas-fines de Léo ont commencé à l'achaler.

Tout de suite, Léo a utilisé les Bras-et-Orteils Spaghettis, la Respiration Ballon et l'Imagerie. Son corps a commencé à se calmer. Léo a pensé : *Okay. J'suis l'Boss de mon corps. Maintenant, j'ai besoin d'être le Boss de mon cerveau*. Léo a commencé à Ignorer ses Peurs-pas-fines et à Se Donner des Idées Braves, comme Je peux l'faire et Je peux bouger mes lèvres sans ma voix pour dire le mot.

Et Léo l'a fait!

L'enseignante de Léo lui a dit à quel point elle était fière qu'il bouge ses lèvres sans utiliser sa voix. Il avait grimpé le premier barreau de son Échelle de bravoure! Elle a dit : « Maintenant, essaie de grimper le deuxième barreau de ton Échelle de bravoure et chuchote le mot. »

Les Peurs-pas-fines de Léo ont commencé à piquer une grosse crise parce qu'elles n'arrivaient pas à leurs fins. Elles ne voulaient pas que Léo grimpe un autre barreau de son Échelle de bravoure. Elles tiraient d'un coup sec sur leur laisse, se jetaient par terre et faisaient des grognements féroces vraiment épeurants. Les Peurs-pas-fines de Léo sifflaient à travers leurs crocs : « C'est ben trop dur, tu s'ras pas capable de chuchoter devant l'enseignante! »

Le Thermomètre des émotions de Léo a commencé à monter et monter et monter.

Les Peurs-pas-fines de Léo sautillaient de joie. Elles se donnaient des tapes dans les pattes et se disaient : « On l'a fait! On a réussi à mettre toutes sortes d'idées épeurantes dans l'cerveau d'Léo. Léo croit vraiment qu'c'est ben trop dur d'grimper un autre barreau sur son Échelle de bravoure! »

Mais, les Peurs-pas-fines de Léo avaient oublié à quel point Léo voulait être brave! En plus, l'enseignante de Léo était là pour l'aider. Pendant que ses Peurs-pas-fines étaient occupées à jouer leurs p'tits tours à Léo, son enseignante lui a rappelé de faire des Bras-et-Orteils Spaghettis, de la Respiration Ballon et de l'Imagerie pour faire baisser son Thermomètre des émotions. Après l'avoir fait, Léo a été capable de faire en sorte que son cerveau Ignore ses Peurs-pas-fines et Se Donne des Idées Braves, comme Je peux l'faire, Je peux Ignorer les Peurs-pas-fines et Je peux utiliser mon chuchotement pour répondre à la question de mon enseignante!

Le corps de Léo a commencé à se relaxer.

Sa gorge a commencé à se desserrer, et sa voix à se débloquer. Léo a utilisé sa voix de chuchotement pour dire le mot!

Les Peurs-pas-fines de Léo sont restées figées en plein dans les airs. On a entendu un badaboum quand leurs corps se sont écrasés sur le sol, tout écrapoutis. Avec de grands yeux surpris, elles se sont regardées l'une l'autre, puis Léo, puis l'une l'autre encore une fois. Elles ne pouvaient pas le croire. Léo avait utilisé sa voix pour chuchoter à son enseignante et avait grimpé un autre barreau de son Échelle de bravoure! Elles se sont redressées, se sont mises à tourner en rond tout en gémissant : « Oh non, oh non, ça s'peut pas qu'ça soit arrivé! Oh non, oh non! »

Les Peurs-pas-fines de Léo avaient les yeux fixés sur ce nouveau, fort et brave Léo. Puis, juste devant les yeux de Léo, ses Peurs-pas-fines se sont transformées lentement en petits chiots-chacals en laisse, tout doux et dociles.

L'enseignante de Léo était vraiment fière de lui. Léo s'est mis à sourire en pensant : *Juste quelques barreaux de plus à grimper, et je s'rai tout en haut d'mon Échelle de bravoure. C'est là que j's'rai vraiment brave et qu'mes Peurs-pas-fines s'ront complètement apprivoisées!*

Chapitre 8

Quelques semaines plus tard, Léo se sentait vraiment fier. Il se sentait vraiment brave. Il se sentait comme s'il était réellement le roi de la jungle!

Léo avait finalement grimpé le tout dernier barreau de son Échelle de bravoure pour parler à l'école. Il avait levé sa patte et avait répondu à la question de son enseignante devant tous les animaux de sa classe. Et il avait utilisé son vrai rugissement pour le faire!

Ça n'avait pas été facile de grimper jusqu'au dernier barreau de son Échelle de bravoure. Ça avait été vraiment, vraiment du travail difficile. En fait, ça avait pris quelques semaines à Léo pour grimper tous les barreaux de son Échelle de bravoure pour parler à l'école.

Plusieurs fois, Léo avait senti qu'il ne pouvait pas le faire. Plusieurs fois, son cerveau avait pensé que c'était juste trop dur de grimper jusqu'en haut de son Échelle de bravoure et qu'il devait juste lâcher. Mais, Léo s'était rendu compte que quand son cerveau pensait que c'était trop dur de grimper jusqu'en haut de son Échelle de bravoure et qu'il devait juste lâcher, c'était ses Peurs-pas-fines qui lui jouaient des p'tits tours et glissaient des pensées épeurantes dans son cerveau. C'était juste ses Peurs-pas-fines qui essayaient d'être son boss!

Même quand Léo était resté bloqué sur un barreau pendant un petit bout de temps, et surtout quand il avait eu du mal à grimper la toute dernière marche, qui était vraiment difficile, il n'avait pas lâché. La maman de Léo et son enseignante l'avaient aidé. Elles lui avaient rappelé qu'il avait besoin de continuer et de ne pas lâcher s'il voulait apprivoiser ses Peurs-pas-fines. Léo n'avait pas lâché. Il avait travaillé fort pour grimper son Échelle de bravoure et apprivoiser ses Peurs-pas-fines.

Et il l'avait fait!

Léo s'en allait maintenant jouer à la maison d'Ellie. Il avait très hâte de lui dire comment il avait apprivoisé ses Peurs-pas-fines. Ses Peurs-pas-fines le suivaient avec chacune une laisse au cou, toutes dociles, sentant le savon de bain moussant. Quand Léo leur a jeté un coup d'œil, ses Peurs-pas-fines l'ont regardé calmement comme de petits chiots-chacals qui attendaient d'être caressés.

Quand Léo est arrivé à la maison d'Ellie, il a dit bonjour à la maman d'Ellie avec son vrai rugissement. La maman d'Ellie avait encore cuisiné. La bouche de Léo salivait, et son ventre gargouillait juste à sentir et à voir les biscuits qui sortaient du four. Léo avait très hâte d'être à l'heure de la collation!

Léo était maintenant capable d'utiliser son vrai rugissement pour dire bonjour à beaucoup de grands animaux à qui il faisait confiance. Tout en frottant son ventre, Léo a dit à la maman d'Ellie : « Ça sent tellement bon! » Puis, il a monté les escaliers en courant vers la chambre d'Ellie. La porte était ouverte et, juste comme Léo franchissait le seuil de la porte, il s'est arrêté d'un coup sec.

Léo n'en croyait pas ses yeux.

Ellie était assise sur le lit du haut!

Ellie avait grimpé tous les barreaux de l'échelle du lit superposé et tenait le cadeau, toujours emballé dans le joli papier avec un ruban et un nœud. La trompe d'Ellie était complètement remontée. Ses yeux pétillaient d'excitation. Ses belles grandes oreilles battaient. Elle riait et riait. À côté d'elle, il y avait une jolie cage violette recouverte d'un chiffon rose vif. Léo entendait de petits grognements et voyait de longs doigts crochus tapoter et tapoter avec impatience sous le chiffon rose vif. Léo s'est dit que Mam'zelle Fais-pas-d'fautes était de mauvaise humeur parce qu'elle ne pouvait plus être le boss d'Ellie.

Léo a couru vers le lit superposé et a grimpé jusqu'en haut, avec ses Peurs-pas-fines apprivoisées derrière lui. Les yeux d'Ellie ne pouvaient s'arrêter de pétiller alors qu'elle souriait à Léo et qu'elle commençait à déballer le cadeau qu'elle avait attendu tellement longtemps pour tenir dans ses mains.

Pendant que Léo regardait Ellie et la jolie cage violette de Mam'zelle Fais-pas-d'fautes sous le chiffon rose vif, il a souri. Léo a pensé que lui et Ellie avaient chacun les meilleurs et les plus précieux de tous les cadeaux : un meilleur ami et des Peurs-pas-fines apprivoisées!

FIN

PaRTie B.

Cahier de travail – Dans la tanière de Léo le lionceau : Comment apprivoiser tes Peurs-pas-fines

SECTION 1 :

Sois le Boss de ton corps

Bienvenue dans la tanière de Léo! Je suis la maman de Léo. Léo, qui se tient juste à côté de moi, est trop gêné pour utiliser sa voix pour te souhaiter la bienvenue dans sa tanière aujourd'hui. Alors, il m'a demandé de le faire pour lui. J'ai dit à Léo que je ferais l'accueil aujourd'hui, mais qu'après aujourd'hui, Léo devra utiliser sa propre voix. Même les animaux gênés, nerveux et effrayés ont besoin d'utiliser leur voix pour parler!

Léo était sur le point de commencer à dessiner. Avec Léo, pourquoi ne ferais-tu pas un dessin qui montre comment ton corps se sent et de quoi il a l'air quand tu te sens heureux? Utilise la silhouette du corps sur la page suivante pour faire ton dessin. Si tu n'es pas sûr de comment ton corps se sent et de quoi il a l'air quand tu te sens heureux, tu peux faire des devinettes ou des mimes avec ta famille pour le découvrir. Assure-toi de bien comprendre ce que chaque partie de ton corps ressent et de quoi elle a l'air quand tu te sens heureux, y compris ton visage et ton cou, les muscles de tes jambes, de tes bras et de tes épaules et l'intérieur de ton corps, comme ton cœur, ton ventre et tes poumons (ou ta respiration).

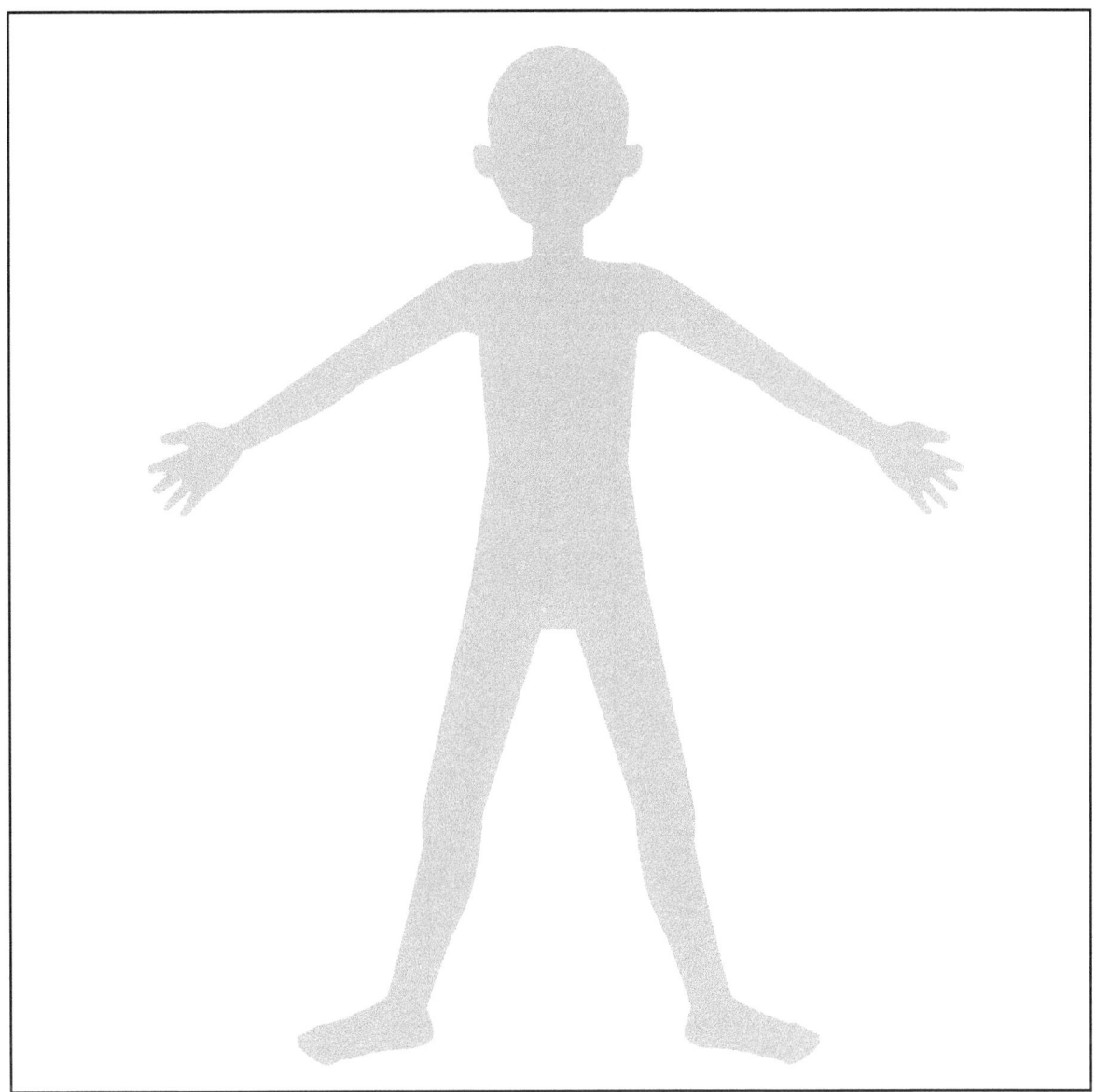

Quand tu fais attention aux indices que chaque partie de ton corps te donne quand tu ressens quelque chose, tu fais un Scan de ton corps! Tout comme Léo qui apprend avec toi en ce moment à faire un Scan de son corps. Faire un Scan de ton corps est la première chose que tu dois faire pour être le Boss de ton corps. Quand tu es le Boss de ton corps, tu peux calmer ton corps même si ton corps ne veut pas se calmer!

Maintenant, fais un dessin qui montre ce que ton corps ressent et de quoi il a l'air quand tu es en colère ou fâché. Fais un Scan de ton corps pour quand tu es en colère ou fâché : pense à ce que chaque partie de ton corps ressent et à quoi elle a l'air quand tu es en colère ou fâché, y compris ton visage et ton cou, les muscles de tes jambes, de tes bras et de tes épaules et aussi l'intérieur de ton corps comme ton cœur, ton ventre et tes poumons (ou ta respiration). Si tu n'es pas sûr de la façon dont ton corps se sent et de quoi il a l'air quand tu es en colère ou fâché, tu pourrais faire des devinettes avec ta famille pour le découvrir. Utilise la silhouette du corps sur la page suivante pour faire ton dessin.

Scan de mon corps quand je suis en colère ou fâché

Avant que tu arrives dans la tanière de Léo aujourd'hui, Léo et moi avions décidé que je te montrerais une chose que tu pourrais faire pour être le Boss de ton corps et te relaxer, juste comme l'a fait Léo dans l'histoire. Tout ce que tu as à faire, ce sont des Bras-et-Orteils Spaghettis. Quand tu fais des Bras-et-Orteils Spaghettis, tu fais relaxer tes muscles et ton corps, même si ton corps ne veut pas se relaxer. Les Bras-et-Orteils Spaghettis font de toi le Boss de ton corps!

Fais maintenant les Bras-et-Orteils Spaghettis avec ton parent, pendant que Léo le fait avec moi. Sois bien sûr de t'étendre sur le dos et de fermer les yeux. Ton parent va diminuer la lumière et, ensuite, lire la même chose que je vais lire à Léo.

Bras-et-Orteils Spaghettis (texte à lire par le parent)

Ferme tes yeux et fais attention à la façon dont tes muscles se sentent dans ton corps. Imagine que tes orteils et tes pieds sont comme des spaghettis pas cuits. Étire et resserre tes orteils et tes pieds autant que possible. Tiens-les bien serrés pendant que tu comptes lentement jusqu'à cinq : un, deux, trois, quatre, cinq. Sens comment les muscles de tes orteils et de tes pieds sont durs. Tes muscles font un peu mal parce qu'ils sont très durs et raides. Maintenant, imagine que tu glisses tes orteils et tes pieds dans de l'eau chaude et laisse-les se ramollir. Sens comment les muscles de tes orteils et de tes pieds sont mous et relaxés. Tes muscles se sentent bien et ils ne font plus mal.

Okay, maintenant resserre tes jambes et tes cuisses. Rends tes jambes et tes cuisses aussi dures et raides que possible et compte lentement jusqu'à cinq : un, deux, trois, quatre, cinq. Sens comment les muscles de tes jambes et de tes cuisses sont durs. Tes muscles font mal un petit peu parce qu'ils sont très raides. Maintenant, tes jambes et tes cuisses glissent dans de l'eau chaude, et tu peux les laisser se ramollir. Sens comment les muscles de tes jambes et de tes cuisses sont mous et relaxés. Tes muscles sont mous et relaxés et ils ne font plus mal.

Maintenant, étire devant toi tes bras, tes mains et tes doigts aussi raides que possible, tout comme des spaghettis pas cuits. Garde-les vraiment raides pendant que tu comptes lentement jusqu'à cinq : un, deux, trois, quatre, cinq. Sens comment les muscles de tes bras, de tes mains et de tes doigts sont raides. Tes muscles font un peu mal parce qu'ils sont très raides. Maintenant, ils vont dans de l'eau chaude, et tu peux les laisser se ramollir. Sens comment les muscles de tes bras, de tes mains et de tes doigts sont mous et relaxés. Tes muscles sont mous et relaxés et ils ne font plus mal.

Maintenant, plisse ton visage et essaie de resserrer tes épaules et de les faire remonter jusqu'à tes oreilles. Rends les muscles de ton visage et de tes épaules vraiment raides et serrés et compte lentement jusqu'à cinq : un, deux, trois, quatre, cinq. Sens comment les muscles de ton visage et de tes épaules sont durs. Les muscles de ton visage et de ton cou font un peu mal parce qu'ils sont très raides. Tu peux même avoir un peu mal à la tête. Maintenant, les muscles de ton visage et de ton cou glissent dans de l'eau chaude et deviennent mous et relaxés. Sens comment les muscles de ton visage et de ton cou sont mous et relaxés. Tes muscles sont mous et relaxés et ils ne font plus mal.

Maintenant, imagine que ton corps en entier est un spaghetti géant pas cuit, tout dur et raide. Serre tes jambes et tes pieds, tes orteils, tes bras, tes mains et tes doigts et tout ton corps, y compris ton visage et ton cou, et même ton dos et ton ventre. Garde-les tous bien raides et compte lentement jusqu'à cinq : un, deux, trois, quatre, cinq. Sens comment les muscles de ton corps en entier sont durs. Tes muscles font un peu mal parce qu'ils sont très raides. Tu peux même sentir que ton ventre commence à faire mal. Maintenant, tout ton corps va dans de l'eau chaude et il devient complètement mou et relaxé.

Les Bras-et-Orteils Spaghettis font du bien à ton corps, n'est-ce pas? Mon Léo vient tout juste de me chuchoter que ses muscles sont mous et relaxés. Fais les Bras-et-Orteils Spaghettis cinq fois de plus afin de devenir vraiment bon à l'utiliser. Léo et moi allons faire la même chose, et on te verra bientôt dans la tanière de Léo!

SECTiON 2 :

Sois le Boss de ton corps... et de ton cerveau!

La maman de Léo sourit en disant : « Bonjour toi! Mon brave Léo a eu une très bonne nuit de sommeil. Léo vient juste de faire des Bras-et-Orteils Spaghettis, et son corps est relaxé. Léo veut utiliser sa voix pour t'accueillir dans sa tanière aujourd'hui. Vas-y Léo, souviens-toi, même les animaux gênés doivent utiliser leur voix. »

Avec un sourire gêné sur son visage, Léo dit : « Allo! J'suis Léo. Aujourd'hui, j'ai décidé d'être brave et d'utiliser ma voix pour te souhaiter la bienvenue dans ma tanière, juste comme j'l'avais promis quand t'es venu dans ma tanière la dernière fois. J'suis tellement content qu'tu veuilles apprendre à être brave, comme j'le fais moi aussi! Viens m'voir dans ma tanière chaque fois après qu't'as lu un nouveau cha- pitre de mon histoire. On pourra s'entraîner

ensemble à faire c'que j'apprends dans mon histoire. Comme ça, on va apprendre ensemble à être braves! Ce s'ra comme notre p'tit Club de bravoure privé! »

« Léo, c'est une super idée », dit la maman de Léo. Elle continue : « Léo était sur le point de faire des dessins. Alors, avec ton parent, pourquoi ne fais-tu pas la même chose que Léo et moi? Fais un Scan de ton corps et dessine ce que ton corps ressent et de quoi il a l'air quand tu es nerveux et effrayé. Si tu n'es pas sûr de la façon dont ton corps se sent et de quoi il a l'air quand tu es nerveux et effrayé, tu peux faire des devinettes avec ta famille pour le découvrir. Tout comme Léo, fais bien attention à ce que chaque partie de ton corps ressent et à quoi elle a l'air quand tu te sens nerveux et effrayé, y compris ton visage et ton cou, les muscles de tes jambes, de tes bras et de tes épaules et l'intérieur de ton corps, comme ton cœur, ton ventre et tes poumons (ou ta respiration). Utilise la silhouette du corps sur la page suivante pour faire ton dessin.

56

Scan de mon corps quand je suis nerveux ou effrayé

« Maintenant, en même temps que Léo le fait, fais un Scan de ton corps et dessine ce que ton corps ressent et de quoi il a l'air quand tu es gêné. Si tu n'es pas sûr de la façon dont ton corps se sent et de quoi il a l'air quand tu es gêné, tu peux faire des devinettes avec ta famille pour le découvrir. N'oublie pas de faire attention à ce que chaque partie de ton corps ressent et de quoi elle a l'air quand tu te sens gêné, y compris ton visage et ton cou, les muscles de tes jambes, de tes bras et de tes épaules et l'intérieur de ton corps, comme ton cœur, ton ventre et tes poumons (ou ta respiration). Utilise la silhouette du corps sur la page suivante pour faire le Scan de ton corps pour quand tu te sens gêné.

Scan de mon corps quand je me sens gêné

« Plus tard, toi et ton parent pourriez faire plus de Scans de ton corps en utilisant les autres silhouettes et dessiner ce que ton corps ressent et de quoi il a l'air quand tu as d'autres émotions comme quand tu te sens triste, embarrassé ou mal à l'aise et n'importe quelles autres émotions auxquelles tu peux penser. Tu peux même faire des devinettes pour découvrir comment ton corps se sent et de quoi il a l'air pour plusieurs émotions différentes. Ça peut être très amusant de faire des devinettes pour découvrir les différentes émotions. Tu verras que ton corps se sent et a l'air différent pour chaque émotion différente. Si tu fais des Scans de ton corps et que tu fais bien attention à ce que ton corps ressent et à quoi il a l'air quand tu ressens une émotion, tu seras alors capable de dire si tu te sens heureux, nerveux et effrayé, ou calme, en sécurité et relaxé, ou encore triste, en colère ou gêné, ou n'importe quelle autre émotion.

Scan de mon corps quand je suis _____

Scan de mon corps quand je suis _____

« Maintenant, entraîne-toi à la Respiration Ballon avec ton parent pendant que Léo et moi faisons la même chose. Sois sûr de t'étendre sur le dos. Ton parent va te donner un p'tit jouet ou une marionnette. Mets-le sur ton ventre et fais-le monter et descendre lentement pendant que tu fais la Respiration Ballon, tout comme Léo le lionceau et sa petite sœur Lilly l'ont fait dans l'histoire.

Ton parent va lire les mêmes mots que je vais lire à Léo, pour que toi et Léo puissiez vous entraîner à faire la Respiration Ballon en même temps. Ferme les yeux et concentre-toi sur ta respiration, ton cœur et ton ventre. »

La Respiration Ballon (texte à lire par le parent)

Prends lentement une grande respiration en laissant l'air entrer par ton nez pour faire gonfler ton ventre comme une balloune pendant que tu comptes lentement jusqu'à cinq : un, deux, trois, quatre, cinq. Maintenant, tout lentement, laisse l'air sortir par ta bouche et laisse ton ventre se creuser. Fais-le encore une fois. Respire par le nez en faisant gonfler ton ventre pendant que tu comptes lentement jusqu'à cinq : un, deux, trois, quatre, cinq. Maintenant, laisse lentement l'air sortir par ta bouche. Fais cela cinq fois de plus, très lentement. Sois sûr que tes épaules et ta poitrine ne bougent pas du tout et que juste ton ventre monte et descend très lentement pendant que tu fais la Respiration Ballon.

La maman de Léo dit : « On se sent bien après avoir fait de la Respiration Ballon, n'est-ce pas? Maintenant, pendant que tu t'entraînes à faire la Respiration Ballon, ton parent va t'aider à faire en même temps de l'Imagerie. Tout comme Léo et moi allons faire avec toi. Cela va vraiment vous faire sentir bien et relaxés, toi et Léo. »

L'Imagerie (texte à lire par le parent)

Ferme tes yeux et imagine que tu es allongé sur une plage par une belle journée ensoleillée. Imagine le soleil jaune vif qui brille. Tu vois dans le ciel bleu des nuages blancs tout moutonneux. Le soleil réchauffe ta peau, et cette sensation sur ta peau est très agréable. Tu entends le petit murmure d'une douce brise. L'air est pur et frais. Le sable blanc est chaud et doux et il est vraiment, vraiment agréable. Tu entends les vagues qui vont et qui viennent. Le bruit des vagues te fait te sentir en sécurité, calme et relaxé. Tu penses à construire un château de sable, mais pour le moment, c'est juste trop bon de rester couché ici sur le sable doux et chaud. Tu laisses le beau soleil brillant te réchauffer. Tu entends les vagues qui vont et qui viennent. Tu te sens en sécurité, au chaud, à l'aise et bien relaxé. Continue à t'imaginer pour quelques minutes de plus les nuages blancs moutonneux qui passent au-dessus de toi dans le ciel bleu, le bruit doux des vagues, la sensation du soleil chaud sur ta peau et l'odeur salée et pure de la mer. Maintenant, ouvre lentement les yeux.

La maman de Léo dit : « Remarque à quoi pense ton cerveau après avoir fait de l'Imagerie. Ton cerveau a probablement de belles pensées parce que *tu* as donné de belles pensées à ton cerveau! Ça veut dire que lorsque tu fais de l'Imagerie, tu es le Boss de ton cerveau! Et quand tu fais ensemble de la Respiration Ballon et de l'Imagerie, tu es le Boss de ton corps et le Boss de ton cerveau!

« Tout comme Léo va faire maintenant, fais un dessin de l'endroit où tu te sens calme et en sécurité, l'endroit auquel tu veux que ton cerveau pense quand tu es le Boss de ton cerveau et que tu fais de l'Imagerie. Sois sûr de dessiner ce que tu vois, ce que tu entends, les odeurs que tu respires, ce que tu ressens dans ton corps, ce que tu sens sur ta peau, et même ce que tu goûtes et les mouvements que fait ton corps quand tu es dans ton endroit où tu te sens calme et en sécurité. Utilise l'espace sur la page suivante pour faire le dessin de l'endroit où tu te sens calme et en sécurité.

L'ENDROIT OÙ JE ME SENS CALME ET EN SÉCURITÉ QUAND JE FAIS DE L'IMAGERIE

« Maintenant, en même temps que Léo, fais un Scan de ton corps pour montrer ce que ton corps ressent et de quoi il a l'air quand tu te sens calme et relaxé. Si tu n'es pas sûr de ce que ton corps ressent et de quoi il a l'air quand tu es calme et relaxé, tu peux faire des devinettes avec ta famille pour le découvrir. N'oublie pas de faire attention à ce que chaque partie de ton corps ressent et à quoi elle a l'air quand tu te sens calme et relaxé, y compris ton visage et ton cou, les muscles de tes jambes, de tes bras et de tes épaules et l'intérieur de ton corps comme ton cœur, ton ventre et tes poumons (ou ta respiration). Utilise la silhouette du corps ci-dessous pour faire le dessin du Scan de ton corps quand tu es calme et relaxé.

Scan de mon corps quand je suis calme et relaxé

« Toi et Léo travaillez tellement fort! Je suis vraiment fière de vous deux! Tout comme Léo, entraîne-toi à faire les Bras-et-Orteils Spaghettis, la Respiration Ballon et l'Imagerie *à deux moments différents chaque jour*. Tu peux t'entraîner avec tes parents ou même toi tout seul, comme Léo le fait tous les jours! Sois sûr de t'entraîner *quand ton corps n'a pas besoin de se calmer*. Souviens-toi de faire les Bras-et-Orteils Spaghettis, la Respiration Ballon et l'Imagerie tous les jours, même quand tu n'en as pas besoin. Comme ça, quand tu as besoin de calmer ton corps très vite, les Bras-et-Orteils Spaghettis, la Respiration Ballon et l'Imagerie vont fonctionner vraiment bien!

« Eh bien, je pense qu'on a tout terminé pour aujourd'hui. Oh, attends une minute. Léo veut dire quelque chose. Vas-y, Léo. »

« Mon corps est calme et relaxé maintenant, maman », dit Léo avec un tout petit rugissement.

« C'est parce que tu as fait des Bras-et-Orteils Spaghettis, de la Respiration Ballon et de l'Imagerie, Léo », lui dit sa maman.

Léo sourit en disant : « J'aime vraiment comment mon corps se sent quand j'suis calme et relaxé. Bye! On s'voit dans ma tanière la prochaine fois. »

Section 3 :

Découvre tes propres Peurs-pas-fines

Allo! C'est moi, Léo le lionceau. J'viens tout juste de faire des Bras-et-Orteils Spaghettis, d'la Respiration Ballon et d'l'Imagerie et j'me sens donc assez brave pour utiliser ma p'tite voix pour parler avec toi et j'vais parler tout seul aujourd'hui. J'suis vraiment content qu'tu sois revenu dans ma tanière parce que ça veut dire qu'on devient des amis. Maintenant, on peut travailler ensemble pour apprendre à être braves et apprivoiser nos Peurs-pas-fines! Si t'es comme moi, j'te gage que tu savais pas qu'les Peurs-pas-fines aiment achaler des tas d'enfants.

Si tes Peurs-pas-fines à toi sont aussi épeurantes et sauvages qu'les miennes, tes Peurs-pas-fines ont vraiment besoin d'être apprivoisées! Chaque fois qu'on va s'voir dans ma tanière, on va apprendre à

être braves et à apprivoiser nos Peurs-pas-fines! Ma maman a dit qu'ça serait difficile d'apprivoiser les Peurs-pas-fines, mais beaucoup d'animaux et d'enfants ont appris à être braves et ont apprivoisé leurs Peurs-pas-fines. Commençons tout d'suite!

Dans l'histoire, t'as vu de quoi mes Peurs-pas-fines avaient l'air, comment elles sentaient mauvais et quelles pensées épeurantes et même pas vraies elles mettaient dans mon cerveau pour me rendre gêné, effrayé et nerveux et m'serrer la gorge pour bloquer ma voix. Fais un dessin de tes propres Peurs-pas-fines quand elles glissent dans ton cerveau des pensées épeurantes et même pas vraies qui t'rendent gêné ou nerveux et effrayé, ou qui serrent ta gorge et bloquent ta voix. Utilise l'espace sur la page suivante pour faire ton dessin.

MES PROPRES PEURS-PAS-FINES

Si tu décides de donner un nom à tes propres Peurs-pas-fines, écris l'nom sur ton dessin (ou demande de l'aide à ton parent pour l'écrire). Quand tu donnes un nom à tes Peurs-pas-fines, ça les rend un peu moins épeurantes, alors vas-y et choisis le nom qu't'aimerais donner à tes propres Peurs-pas-fines. Si tu veux les appeler « Peurs-pas-fines », c'est correct.

Maintenant, fais l'dessin de tes propres Peurs-pas-fines en train d'utiliser leur premier p'tit tour de Pas Dire la Vérité. Utilise l'espace en bas pour faire ton dessin. Sois sûr de faire aussi un Scan de ton corps pour montrer c'que ton corps ressent et de quoi y'a l'air quand tes Peurs-pas-fines jouent ce premier p'tit tour! Tu peux utiliser la silhouette du corps pour dessiner c'que ton corps ressent et de quoi y'a l'air quand les Peurs-pas-fines utilisent leur premier p'tit tour de Pas Dire la Vérité.

Mes Peurs-pas-fines qui utilisent le Truc de Pas Dire La Vérité

Maintenant, fais un dessin de toi quand t'utilises les deux premiers Trucs pour annuler les p'tits tours : Ignorer les Peurs-pas-fines et Se Donner des Pensées Braves. Utilise l'espace en bas pour faire ton dessin. Sois sûr de faire un Scan de ton corps pour montrer de quoi ton corps a l'air et ce qu'il ressent après avoir utilisé les Trucs pour annuler les p'tits tours. Tu peux utiliser la silhouette du corps sur la page suivante pour faire le dessin de c'que ton corps ressent et de quoi y'a l'air.

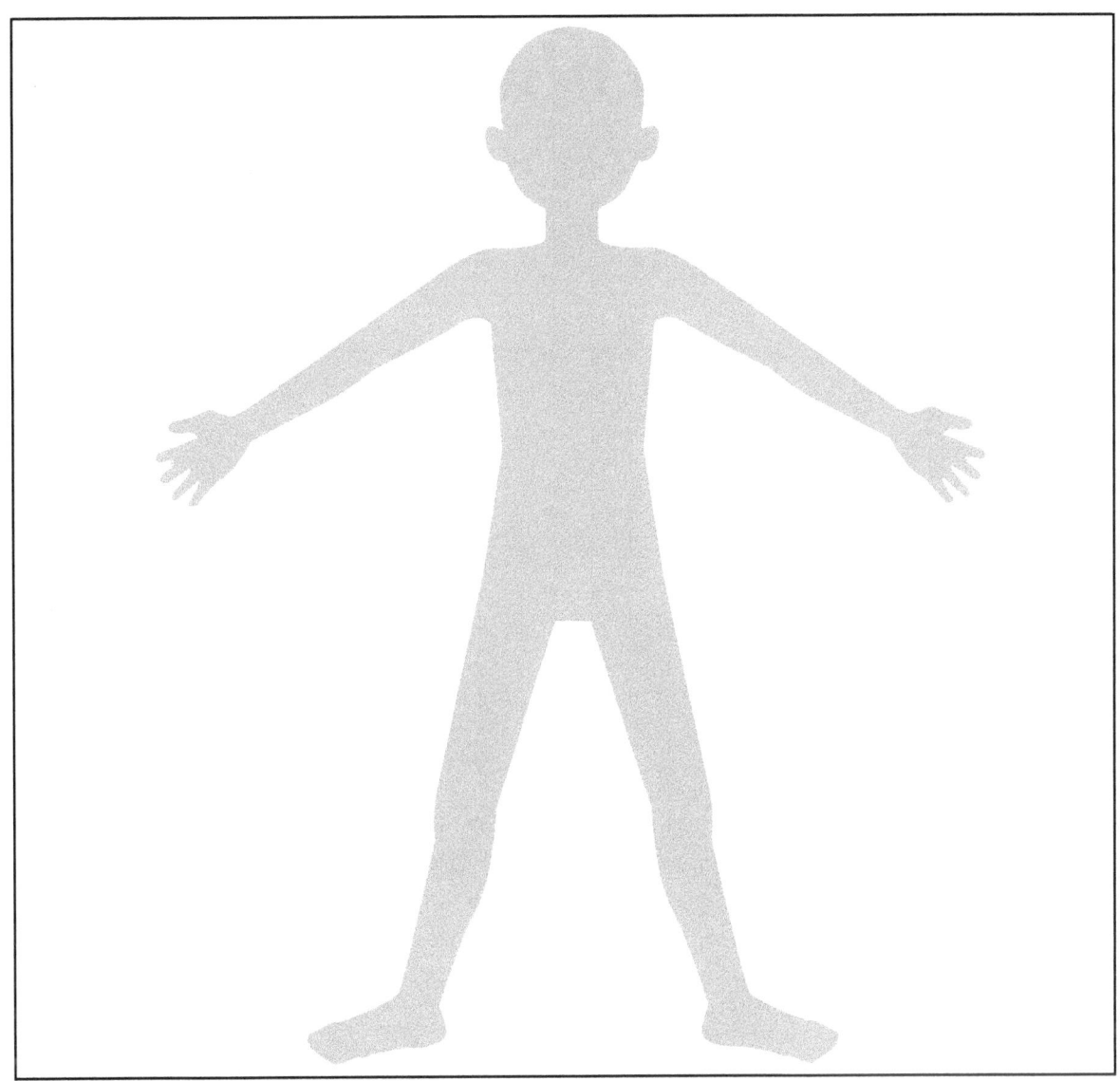

J'veux vraiment, vraiment apprivoiser mes Peurs-pas-fines! C'est pour ça que j'fais les Bras-et-Orteils Spaghettis, la Respiration Ballon et l'Imagerie tous les jours, même quand j'en ai pas besoin. Comme ça, ils vont marcher très bien et très vite quand j'en aurai besoin!

J'ai décidé que j'allais être un Attrapeur de p'tits tours et utiliser mes Trucs pour annuler les p'tits tours tous les jours!

J'espère qu'tu feras tout ça toi aussi. Ça va être génial quand nos Peurs-pas-fines vont arrêter d'nous achaler! J'ai déjà commencé à apprivoiser mes propres Peurs-pas-fines : j'ai été capable de sourire à Ellie dans l'Club et j'peux t'parler maintenant parce que j'ai utilisé les Bras-et-Orteils Spaghettis, la Respiration Ballon et l'Imagerie et parce que j'ai été un Attrapeur de p'tits tours et que j'ai utilisé mes Trucs pour annuler les p'tits tours. Ça veut dire que j'suis lentement en train d'apprivoiser mes Peurs-pas-fines! J'suis content que tu l'fasses toi aussi!

Reviens m'voir très bientôt. J'ai hâte de voir c'qui arrive ensuite dans mon histoire!

Section 4 :

Sois le Boss de ton cerveau

Allo! C'est moi, Léo le lionceau, encore tout seul. J'suis tellement content de m'être fait deux nouveaux amis, Ellie l'éléphante et toi. Et j'suis fier de pouvoir utiliser ma vraie voix, pas juste avec toi, mais avec Ellie aussi. Je me suis entraîné tous les jours à faire les Bras-et-Orteils Spaghettis, la Respiration Ballon et l'Imagerie, et ils marchent vraiment! J'essaie aussi d'être un bon Attrapeur de p'tits tours et d'utiliser les Trucs pour annuler les p'tits tours chaque fois que j'surprends mes Peurs-pas-fines en train d'jouer des p'tits tours à mon cerveau. J'gage que tu fais la même chose. Allons-y!

Commençons à travailler, et j'vais t'montrer c'que j'ai appris pour apprivoiser nos Peurs-pas-fines!

En même temps que j'vais l'faire, fais deux dessins : un qui montre tes Peurs-pas-fines en train d'utiliser leur p'tit tour d'Exagérer et un autre qui montre tes Peurs-pas-fines qui utilisent leur p'tit tour de Montrer Juste le Mauvais Côté des Choses. Utilise l'espace sur la page suivante pour faire tes dessins.

MES PEURS-PAS-FINES
UTILISANT LEUR P'TIT TOUR D'EXAGÉRER

MES PEURS-PAS-FINES
UTILISANT LEUR P'TIT TOUR DE MONTRER JUSTE LE MAUVAIS CÔTÉ DES CHOSES

J'vais aussi faire un Scan de mon corps et dessiner comment mon corps se sent nerveux et effrayé quand mes Peurs-pas-fines utilisent ces p'tits tours. Fais la même chose toi aussi. Utilise la silhouette du corps en bas pour faire ton dessin.

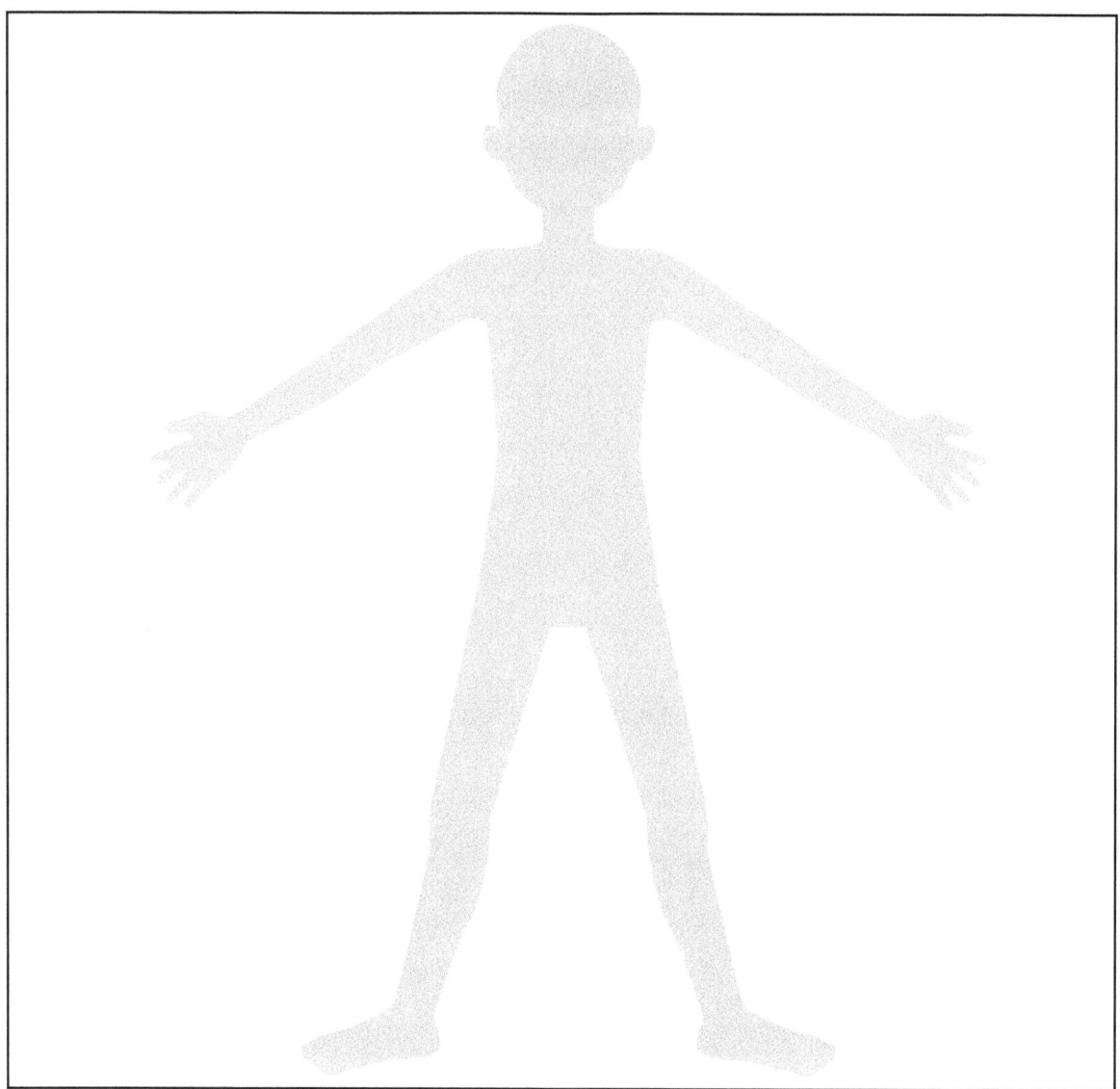

Scan de mon corps quand je suis nerveux et effrayé parce que mes Peurs-pas-fines jouent leurs p'tits tours

En même temps qu'moi maintenant, fais un dessin de toi en train d'utiliser ton nouveau Truc pour annuler les p'tits tours : Parler à un Adulte. Utilise l'espace sur la page suivante pour faire ton dessin. Sois sûr aussi de faire un Scan de ton corps et dessine comment ton corps se sent bien et calme quand t'utilises ton nouveau Truc pour annuler les p'tits tours. Utilise la silhouette du corps sur la page suivante pour faire ton dessin.

J'UTILISE MES TRUCS POUR ANNULER LES P'TITS TOURS

PARLER À UN ADULTE

Maintenant, en même temps qu'moi, fais une liste de tous les adultes en qui t'as confiance et à qui tu pourrais parler quand t'utilises ton Truc pour annuler les p'tits tours : Parler à un Adulte. Utilise l'espace en bas pour faire le dessin de ces adultes et demande à ta maman ou ton papa de t'aider à écrire leurs noms.

JE PEUX PARLER À _____

R'garde comm'faut les Scans de ton corps et comment ton corps se sent quand tes Peurs-pas-fines utilisent leurs p'tits tours. Tu vois comment ton corps se sent yeurk à chaque fois qu'tes Peurs-pas-fines utilisent leurs p'tits tours?

Maintenant, r'garde les Scans de ton corps et comment ton corps se sent après qu't'utilises tes trois Trucs pour annuler les p'tits tours et arrêter tes Peurs-pas-fines. R'garde le dessin du Scan de ton corps que t'as fait la dernière fois qu'on s'est vus dans ma tanière, le dessin de c'que ton corps a ressenti après qu't'as utilisé les deux premiers Trucs pour annuler les p'tits tours : Ignorer les Peurs-pas-fines et Te Donner des Pensées Braves. Et r'garde le dessin qu'tu viens juste de faire de c'que ressent ton corps après qu't'as utilisé le troisième Truc pour annuler les p'tits tours : Parler à un Adulte. R'garde comment ton corps se sent calme et relaxé après qu't'utilises tes Trucs pour annuler les p'tits tours.

Quand t'utilises les trois Trucs pour annuler les p'tits tours, les Bras-et-Orteils Spaghettis, la Respiration Ballon et l'Imagerie, *tu es* le Boss de ton corps et de ton cerveau et tu laisses pas les Peurs-pas-fines être le boss. Ça veut dire que t'es lentement en train d'apprivoiser tes Peurs-pas-fines!

Sois sûr de pas laisser tes Peurs-pas-fines te donner envie de tout lâcher. Ça prend pas mal de temps pour les apprivoiser parce qu'elles lâchent pas facilement. Beaucoup d'animaux et beaucoup d'enfants ont été capables d'apprivoiser leurs Peurs-pas-fines. Nous aussi, on peut!

Section 5 :
Découvre ton propre Thermomètre des émotions

Allo encore! Bienvenue dans ma tanière. J'étais un peu nerveux à l'idée d't'parler aujourd'hui, alors j'viens juste de faire d'la Respiration Ballon et d'l'Imagerie pour rendre mon corps calme et relaxé. Et ça a marché! Maintenant, j'me sens assez calme et relaxé pour pouvoir utiliser ma voix pour parler avec toi. J'suis très content qu'tu sois là aujourd'hui. J'dois t'dire qu'les p'tits gâteaux d'la maman d'Ellie étaient délicieux!

J'suis tellement fier de moi parce que j'travaille fort pour apprivoiser mes Peurs-pas-fines et pour parler de plus en plus avec ma voix normale. C'est super!

Ellie et moi aimons beaucoup l'idée d'un Thermomètre des émotions. J'espère qu'tu l'aimes aussi. Juste comme Ellie et moi on a fait quand on mangeait nos gâteaux chez elle, faisons trois dessins aujourd'hui. Tu peux utiliser le Thermomètre des émotions pour quand tu t'sens nerveux ou effrayé qu'Ellie et moi on a dessiné juste pour toi; il est sur la page suivante.

La première chose à dessiner est une image de quelque chose qui t'rend juste un p'tit peu nerveux ou effrayé, comme au niveau 1 ou 2 sur ton Thermomètre des émotions. Si t'as d'la misère à t'souvenir, tu peux demander à ton parent de t'aider. Ensuite, juste à côté de ton dessin, dans la silhouette du corps pour le niveau 1 ou le 2, utilise le Scan de ton corps pour dessiner comment ton corps se sent quand t'es nerveux ou effrayé au niveau 1 ou 2. Utilise l'espace et la silhouette du corps en bas pour faire ton dessin.

Maintenant, fais un autre dessin d'un exemple quand ton corps s'est senti nerveux ou effrayé à un niveau 4 ou 5 sur ton Thermomètre des émotions pour quand tu t'sens nerveux ou

effrayé. Utilise l'espace sur la page suivante pour faire ton dessin. Tu peux demander à ton parent de t'aider à t'souvenir d'un exemple si t'as d'la misère à t'souvenir. Puis, dans la silhouette du corps à côté de ton dessin, utilise le Scan de ton corps pour dessiner comment ton corps se sent quand t'es nerveux ou effrayé au niveau 4 ou 5 sur ton Thermomètre des émotions pour quand tu t'sens nerveux ou effrayé. Tu peux faire des devinettes ou des mimes pour t'aider à t'souvenir.

Maintenant, dessine quelque chose qui rend ton corps vraiment nerveux ou effrayé jusqu'au niveau 9 ou 10 sur ton Thermomètre des émotions pour quand tu t'sens nerveux ou effrayé. Utilise l'espace sur la page suivante pour faire ton dessin. Si tu veux, tu peux demander à ton parent de t'aider à t'souvenir d'un moment. Quand t'as fini, utilise le Scan de ton corps pour dessiner comment ton corps se sent quand t'es nerveux ou effrayé au niveau 9 ou 10 sur ton Thermomètre des émotions pour quand tu t'sens nerveux ou effrayé.

Mon Thermomètre des émotions pour quand je me sens nerveux ou effrayé

Ellie et moi avons décidé d'utiliser notre Thermomètre des émotions chaque jour pour comprendre jusqu'à quel point notre corps est nerveux ou effrayé. Comme ça, on peut devenir très, très bons à être un Détecteur d'émotions et à utiliser le Thermomètre des émotions. J'espère qu'tu fais la même chose avec nous.

Ellie et moi, on a aussi décidé de toujours faire attention quand on se sent gênés ou nerveux ou effrayés au niveau 5 ou plus sur le Thermomètre des émotions. Quand ça arrive, c'est *ben* trop haut! Quand on est à 5 ou plus sur le Thermomètre des émotions, on doit faire des Bras-et-Orteils Spaghettis, d'la Respiration Ballon et d'l'Imagerie jusqu'à ce que notre Thermomètre des émotions descende à 0 ou 1. Essaie-le toi aussi. Tu verras que quand tu calmes ton corps, ton cerveau peut penser plus clairement. Et puis, après, tu peux tout faire mieux, comme le sport, les travaux d'école, t'faire des amis et tout le reste!

J'dois être sûr qu'mon cerveau pense clairement si j'veux être un bon Attrapeur de p'tits tours, utiliser les trois Trucs pour annuler les p'tits tours et apprivoiser mes Peurs-pas-fines. Et c'est vrai pour Ellie et toi aussi.

Si on continue à travailler fort ensemble, nos Peurs-pas-fines ont aucune chance.

SECTION 6 :
Construis ta propre Échelle de bravoure

Allo! Mon corps est vraiment relaxé maintenant. J'viens d'finir d'faire les Bras-et-Orteils Spaghettis, la Respiration Ballon et l'Imagerie. Aujourd'hui, j'ai demandé à ma maman d'venir dans ma tanière quand j'te rencontre. C'est parce que quand j'suis revenu d'ma visite chez Ellie, j'ai dit à ma maman qu'Ellie avait monté deux barreaux sur son Échelle de bravoure. J'lui ai aussi dit que j'voulais construire ma propre Échelle de bravoure. Ma maman a dit qu'elle savait comment construire des Échelles de bravoure et elle m'a montré comment en construire une. J'vais t'répéter c'que ma maman a dit, mais j'veux être sûr que j'oublie rien, alors ma maman va m'aider. C'est vrai hein, maman?

« C'est vrai, Léo, dit sa maman. N'est-ce pas fantastique qu'Ellie se soit tant efforcée à grimper deux barreaux sur son Échelle de bravoure? »

Léo dit : « C'est vrai, et j'veux être aussi brave qu'Ellie et grimper les barreaux sur ma propre Échelle de bravoure. J'espère qu'tu l'veux aussi, mon nouvel ami. Après avoir construit ton Échelle de bravoure, toi, Ellie et moi, on pourra grimper dans nos Échelles de bravoure, un p'tit barreau à la fois, pendant qu'on apprivoise nos Peurs-pas-fines. »

La maman de Léo dit : « C'est vrai, Léo. Dis à ton nouvel ami comment construire une Échelle de bravoure. Je t'aiderai si tu as besoin d'aide. »

Léo dit : « Okay. Voyons voir. Quand tu construis ta propre Échelle de bravoure, tu peux avoir autant d'barreaux qu'tu veux, mais c'qui marche le mieux, c'est d'avoir cinq ou six barreaux. Pas vrai, maman? »

La maman de Léo hoche la tête pour dire oui.

Léo continue : « D'abord, toi et ta maman ou ton papa devez décider de c'qui t'fait peur ou t'rend nerveux ou gêné et ce pour quoi tu veux être brave. C'est comme donner un nom à ton Échelle de bravoure. Le nom que j'ai donné à mon Échelle de bravoure est Mon Échelle de bravoure pour parler à l'école. Toi ou ta maman ou ton papa peut écrire le nom de ton Échelle de bravoure juste au-dessus du dessin sur la page suivante. Ensuite, toi et ta maman ou ton papa devez décider de c'que tu fais maintenant qui montre que t'es effrayé ou nerveux ou gêné et fais un dessin de ça au bas de ton Échelle de bravoure. J'ai oublié la partie suivante. C'est quoi qui faut faire après ça, maman? »

La maman de Léo dit : « Léo, tu fais un travail fantastique pour expliquer comment construire une Échelle de bravoure. »

Léo dit : « Merci, maman. »

Sa maman continue : « Tout comme tu le fais maintenant, Léo, ton nouvel ami peut utiliser l'espace qui contient une Échelle de bravoure sur la page suivante pour faire son dessin. La prochaine chose à faire est de décider ce que tu feras quand tu auras grimpé jusqu'en haut de ton Échelle de bravoure pour montrer que tu es brave et que tu n'es plus effrayé, ni nerveux ou gêné. »

MON ÉCHELLE DE BRAVOURE POUR

BRAVOURE

Léo dit : « En même temps qu'moi, tu peux faire le dessin de c'que tu feras quand t'auras grimpé jusqu'en haut de ton Échelle de bravoure. »

La maman de Léo dit : « C'est bien ça. Toi et ton nouvel ami pouvez utiliser l'espace avec l'Échelle de bravoure sur la page précédente pour faire votre dessin. Léo, peux-tu dire à ton nouvel ami quelle est la prochaine chose à faire pour construire une Échelle de bravoure? »

Léo dit : « Okay. Tu dois penser à cinq ou six p'tites étapes, toutes p'tites comme des p'tits pas de bébé qu'tu vas faire pour aller du bas d'ton Échelle de bravoure jusqu'en haut. Chaque p'tite étape va devenir un barreau de ton Échelle de bravoure qu'tu vas grimper lentement, un barreau à la fois. Tu peux demander à ta maman ou ton papa de t'aider à décider à quoi ressemblera chaque étape. Ta maman ou ton papa peut écrire c'que chaque étape va être, ou tu peux faire le dessin de c'que tu feras à chaque étape.

« Et maintenant, la meilleure partie. Toi et ta maman ou ton papa devez décider combien d'points tu vas gagner et quelles récompenses spéciales tu vas recevoir pour grimper sur les barreaux. Ma maman et moi, on a décidé d'me donner une chance de gagner deux points chaque fois qu'j'grimpe sur un barreau. J'reçois un point juste pour essayer d'grimper sur le barreau et un autre point de plus si j'grimpe sur le barreau comme j'suis censé l'faire. Après qu'j'gagne dix points, j'reçois une récompense vraiment spéciale, comme décider du film qu'on va regarder en famille, ou aller au parc pour jouer avec ma maman ou mon papa, ou ma préférée : m'faire lire une histoire de plus à l'heure du dodo! Chaque fois qu'j'gagne dix points de plus, j'reçois une récompense encore meilleure. Ça m'donne vraiment envie d'grimper de plus en plus de barreaux dans mon Échelle de bravoure! »

La maman de Léo dit : « Léo, faisons une liste de toutes les récompenses que tu recevras chaque fois que tu gagneras dix points de plus. Ton ami et sa maman ou son papa pourraient faire la même chose. Utilisons l'espace sur la page suivante pour faire notre liste de récompenses. »

LISTE DE MES RÉCOMPENSES POUR GRIMPER L'ÉCHELLE

Léo dit : « J'aime les récompenses que maman et moi on a mises sur ma liste. Après que toi et ta maman ou ton papa avez fait tout ça, t'es prêt à commencer à grimper chaque barreau d'ton Échelle de bravoure, juste comme Ellie l'a fait et comme j'vais commencer à l'faire. »

La maman de Léo dit : « Léo, toi et ton nouvel ami aurez besoin de vous efforcer à grimper chaque barreau, surtout le premier. Ce premier barreau peut être le plus difficile à grimper. Ce qui a vraiment bien fonctionné pour Ellie, et ce qui fonctionne vraiment bien pour beaucoup, beaucoup d'animaux et d'enfants, c'est de faire les Bras-et-Orteils Spaghettis, la Respiration Ballon et l'Imagerie juste avant que tu sois prêt à grimper un barreau. Si tu fais ça, ton corps est calme et relaxé, ce qui rend ça beaucoup plus facile d'être le Boss de ton cerveau, d'Ignorer tes Peurs-pas-fines et de Te Donner des Pensées Braves telles que Je peux le faire, Je peux grimper ce barreau et Je peux être le boss de mes Peurs-pas-fines! Rappelle-toi, ne laisse pas tes Peurs-pas-fines être ton boss et glisser dans ton cerveau toutes sortes de pensées épeurantes et qui ne sont même pas vraies. Utilise tes Trucs pour annuler les p'tits tours chaque fois que c'est le temps de grimper un barreau. »

Léo demande : « Maman, est-ce que j'ai besoin d'grimper mon Échelle de bravoure chaque jour? »

Sa maman dit : « C'est une excellente question, Léo. Grimpe un p'tit barreau à la fois, chaque jour. Tu dois rester sur chaque barreau pendant un p'tit moment. Ça veut dire au moins 20 minutes, mais ne t'inquiète pas des minutes, un adulte va surveiller l'heure pour toi. Tu dois aussi grimper un barreau de ton Échelle de bravoure au moins quatre fois par semaine. Ne t'inquiète pas de te souvenir du nombre de fois. Un adulte surveillera ça aussi pour toi. »

Léo dit : « Wow, j'pense qu'ça veut dire que j'dois beaucoup m'entraîner pour grimper les barreaux d'mon Échelle de bravoure! »

La maman de Léo dit : « Ça, c'est sûr. Mais, rappelle-toi que plus tu t'entraînes et plus tu grimpes les barreaux de ton Échelle de bravoure, mieux c'est, et plus facile ça devient. Si toi, Ellie et ton nouvel ami vous entraînez très fort, vous pourriez tous devenir braves et apprivoiser vos Peurs-pas-fines en quelques semaines! »

Léo dit : « J'suis prêt à commencer à grimper mon Échelle de bravoure! »

Sa maman dit : « Super, Léo! Je vais vous encourager, toi et ton nouvel ami! »

Léo dit : « J'suis tout excité à l'idée qu'mon ami et moi, on va grimper chaque barreau d'notre propre Échelle de bravoure, juste comme Ellie. J'sais qu'on peut tous le faire! Pour tout d'suite, ma maman et moi, on t'dit bye bye! À la prochaine! »

SECTiON 7 :

Continue à grimper ton Échelle de bravoure

Allo! J'suis content qu'tu viennes me voir dans ma tanière aujourd'hui. Comme j'le fais tous les jours, j'viens juste de m'entraîner à faire les Bras-et-Orteils Spaghettis, la Respiration Ballon et l'Imagerie.

Peux-tu l'croire? J'ai utilisé ma voix chuchotée avec mon enseignante et j'ai grimpé deux barreaux d'mon Échelle de bravoure pour parler à l'école! J'avais jamais pensé que j'serais capable de faire ça. Et regarde, j'utilise mon rugissement normal pour te parler maintenant. J'me sens tellement brave! J'me rapproche de plus en plus d'apprivoiser complètement mes Peurs-pas-fines!

J'ai dû beaucoup m'forcer. Il faut toujours s'forcer à grimper de nouveaux barreaux sur une Échelle de bravoure, même s'ils sont juste des p'tits pas de bébé. C'est parce que tes Peurs-pas-fines sont pas complètement apprivoisées tant qu't'as pas grimpé jusqu'en haut d'ton Échelle de bravoure. Ellie a été capable de grimper les barreaux d'son Échelle de bravoure. J'ai été capable aussi. Tu peux l'faire toi aussi! Chacun d'nous autres, on peut grimper les nouveaux barreaux d'nos Échelles de bravoure. On doit juste se souv'nir d'être le Boss d'notre corps et le Boss d'notre cerveau pendant qu'on grimpe chaque barreau.

Tu pourrais faire un X sur ton Échelle de bravoure pour montrer quel barreau qu't'essaies d'grimper de c'temps-ci. Et fais un dessin des deux prochains barreaux qu'tu vas grimper. Utilise l'Échelle de bravoure sur la page suivante pour faire ton dessin. Parle avec ta maman ou ton papa de c'que tu vas faire pour être certain d'être capable d'grimper les prochains barreaux. C'qui aide beaucoup, c'est faire des Bras-et-Orteils Spaghettis, d'la Respiration Ballon et d'l'Imagerie avant d'grimper un barreau d'ton Échelle de bravoure. Quand tu penses que tu peux pas grimper un barreau, c'est juste tes Peurs-pas-fines qui essaient d'être le Boss de ton cerveau et de toi en jouant un d'leurs trois p'tits tours. Laisse pas tes Peurs-pas-fines être ton boss pendant qu'tu grimpes les barreaux de ton Échelle de bravoure.

J'sais qu'on peut le faire!
Ça va être super quand on aura grimpé jusqu'en haut d'notre
Échelle de bravoure!

LES DEUX PROCHAINS BARREAUX
QUE JE VAIS GRIMPER

BRAVOURE

Section 8 :

Tu apprivoises tes Peurs-pas-fines

Allo! Ellie et moi, on l'a fait! On a grimpé jusqu'en haut d'nos Échelles de bravoure! As-tu grimpé jusqu'en haut d'ton Échelle de bravoure toi aussi?

Si oui, BRAVO!!!!

Si non, lâche pas! Chaque barreau qu'tu grimpes te rapproche de plus en plus d'être vraiment brave et d'apprivoiser tes Peurs-pas-fines! C'est super génial quand t'as grimpé jusqu'en haut d'ton Échelle de bravoure! Lâche pas! Continue à t'entraîner tous les jours à faire les Bras-et-Orteils Spaghettis, la Respiration Ballon et l'Imagerie. Et continue à être un Attrapeur de p'tits tours et à utiliser tes Trucs pour annuler les p'tits tours pour apprivoiser tes Peurs-pas-fines.

Fais un dessin qui te montre, toi avec tes Peurs-pas-fines apprivoisées, une fois qu't'auras grimpé jusqu'en haut d'ton Échelle de bravoure. Utilise l'espace sur la page suivante pour faire ton dessin.

J'suis vraiment fier de moi, d'Ellie et de toi parce qu'on travaille à apprivoiser nos Peurs-pas-fines. Nos Peurs-pas-fines doivent le savoir :

on lâchera pas!

MES
PEURS-PAS-FINES
APPRIVOISÉES

À propos des auteures

Dre Diane Benoit et Dre Suneeta Monga sont pédopsychiatres au Toronto Hospital for Sick Children et à l'Université de Toronto. Elles travaillent avec de jeunes enfants pour leur apprendre à surmonter leurs angoisses tout en donnant à leurs parents les ressources pour les aider.

Le travail de la Dre Benoit et de la Dre Monga dans le développement du programme de traitement «Taming Sneaky Fears» les a inspirées à rédiger le livre d'histoire pour enfants et le cahier d'accompagnement *Apprivoiser les Peurs-pas-fines*. Elles ont constaté le manque actuel de ressources conviviales et ont donc collaboré pour offrir des outils sur la façon de faire face à l'anxiété. En se basant sur plus d'une décennie de réactions et commentaires des enfants, des parents et des thérapeutes, elles ont peaufiné l'histoire de Léo et veillé à ce que les activités présentées dans le cahier de travail puissent être mises en pratique par de jeunes enfants.